聊齋誌異

原著 ■ 蒲松齡

改寫 ■ 何友明

繪圖 ■ 劉湧　董春雷

如何欣賞這本書

聊齋誌異這本書是蒲松齡先生所寫。至於，「聊齋誌異」是什麼意思呢？

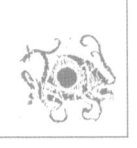

原來，蒲松齡先生的書房名稱就叫做「聊齋」，而「誌」是記錄的意思；「異」是指一些和日常生活不一樣的事情。

聊齋誌異原本是由文言文所寫成的，為了讓小朋友能夠享受閱讀上的樂趣，我們用白話的方式重新編寫，又從原十篇。

書中的人物並不一定都是妖魔鬼怪，甚至有些「妖精」或「鬼」也是重視品德和義氣的。我們似乎可以看出蒲松齡藉著聊齋誌異這本書，來反諷人世間的人情淡薄。我們通常都會認為聊齋誌異的故事內容是鬼故事。如果，暫時撇開書中靈異部份的話，其實是有濃厚的警世作用。

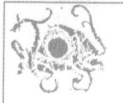

主要人物介紹

《陸判官》

掌管人間生死的陰間官員。身材魁梧，面惡心善，在偶然的機會下，認識一位名叫朱爾旦的讀書人，並助他考取功名。

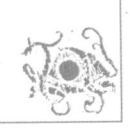

《王六郎》

原本是一位水鬼，和老許結為好友。後來因為不忍心借別人的身體投胎，感動了玉皇大帝，而成為鄔鎮的土地神。

《雷官》

身材高大，臉型奇特，很少用餐，可是一餐卻可以吃掉平常半個月的伙食。

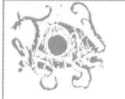

《狐仙》

滿頭的白髮，修鍊了茅山法術。原本喜歡和一位秀才朋友討論學問，卻發現秀才的貪心，決定要讓他有所覺醒。

《窮道士》

雖然學了一身法術卻很窮。有一天，遇到了沒有同情心的賣梨商人，便決定給他小小的警告。

《白衣少年》

他養了許多奇特的鴿子，與張公量相識之後，送他一對白鴿，後來張公量將小白鴿送人，因而害死小白鴿，白衣少年責備了張公量就不再出現了。

《伍秋月》

十五歲就死了。但是，命中註定要與王鼎結為夫妻，後來又不顧一切幫助王鼎將哥哥從地獄救出來。

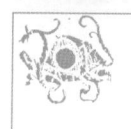

《汪士秀》

身體壯碩，力大如牛。有一次，在洞庭湖邊看見已經淹死的父親，於是，便展開了救父親的計劃。

《王七》

喜愛奇門盾甲的富家子弟。他上山求道卻沒有恆心而半途下山，終於，因為愛出風頭，在眾人面前出了糗。

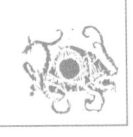

《席方平》

個性剛直，由於父親被羊老頭害死，自己到了地獄又不得安寧，所以要為父親討回公道。

《陽曰旦》

是個讀書人，有一次搭船回鄉，不幸遇到了暴風雨，飄到了神仙島，而遭遇了許多不可思議的事情。

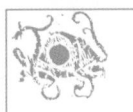

目錄

顧書生知道少女的布袋裡裝的是人頭，嚇得倒退了兩步。

朱爾旦醒來，看見陸判官手上正拿著自己的心腸，而朱爾旦的胸膛也被剖開。

道士攔住王姓少年，問他最近是否有遇到奇怪的事情。

道士將吃過的果核埋入地下，不久就長出了結滿果實的梨子樹。

席方平
席方平不願意撤回告訴，於是閻羅王下令用火床伺候。

陳弼教隨著副將軍坐船經過洞庭湖，副將軍見「豬婆龍」，立刻拉弓放箭，射中牠的背。

王七受了眾人的奉承與期待，於是唸著口訣衝向牆壁，結果撞了牆，頭上腫了一個大包，痛得在地上打滾。

葉生
葉生踏進家門，打開棺材一看，見自己已經僵直地躺在裡面，立刻化成一陣煙霧，只留下衣服，人卻消失了。

伍秋月
王鼎回到房間，發現哥哥已復活，口中並喊著：「餓死我了，我要吃東西！」

雨錢

狐仙唸著咒語，將十個銅錢向上一丟，剎時成千上萬的銅錢如雨般落下。

白衣少年叫了幾聲，便飛出了一大一小的鴿子，大的像雞一樣大，小的卻只有拳頭般大小。

酒友
車公子掀開棉被一看，原來身旁睡的是一隻喝醉的狐狸。

魚容擺出食物請烏鴉們吃，口中說著：「竹青，如果妳在這裡的話，請留下。」

哥哥在半夜托夢給弟弟，告訴他在舊房子的後院裡藏了許多銀子。

陽日旦走進別人的花園，看見了許多不知名的花，從屋子裡還傳出了琴聲。

雷官帶著樂雲鶴來到雲層上面，樂雲鶴看見雲層下的房子都像米粒一樣小。

汪士秀拉著父親往船上跑，正準備逃走，這時，水面卻冒出一張怪物的大嘴，眼看就要吞下他們。

窮道士提醒房子的主人要小心火燭，主人不信，結果第二天房子果然失火了。

紅玉
一位身材魁梧，滿臉鬍子的壯漢出現在馮相如的身後，說：「沒出息，大仇未報就想放棄，這還算是一個男人嗎？」

王六郎
土地廟吹起一陣風，杯中的酒一下子就捲入風中消失了。

第1單元　俠女

金陵這個地方有一個姓顧的書生，雖然學得了一些才藝，可是，因為家中有年邁的母親要照顧，所以，不忍離開家到外地工作。他平常就以替人寫字、畫畫賺取微薄的收入來維持家用，雖然已經二十五歲了，卻還沒有成親。

「唉，兒子啊！都是我拖累了你的前途。」母親常常對兒子感到有些抱歉。

「娘，您可別這麼說，侍奉您本來就是我應該做的事情啊！」顧書生為了安撫母親，也常常會說一些體貼的話。

有一天，顧家對面的空房子搬來了一位老婦人和一位少女，顧書生並沒有多去注意，也沒有多去過問。

過了幾天，顧書生從外面回到家，看見少女從自己的家門走出，才終於有機會稍微仔細地看清楚少女的模樣。原來少女大概十七八歲，體態優雅、氣質不凡，見到了顧書生也不會刻意的躲避，只是有些冷漠而已。

「真是一位令人心動的美人啊！只不過看起來好像有一點嚴肅，似乎不太好接近的樣子。」顧書生心中想著。

顧書生有點好奇，便問母親：

「娘，對面的姑娘來家中找您有什麼事呢？」

「沒什麼，只是來借剪刀罷了，剛才和她閒聊了一下，看她的談吐不俗不像是平凡的人家，只是目前在此暫住。母女倆無依無靠的，我看你明天就去拜訪人家一下，如果她們不嫌棄的話，說不定可以向她母親提親呢！」

第二天，顧書生順著母親的意思，帶了一些薄禮登門拜訪。原來老婦人是個聾子，少女知道了顧書生的來意之後，態度冷漠，也沒有多做回應。顧書生自知無趣，只好摸摸鼻子回家，並將情形告訴了母親。

「既然如此，也不要勉強別人，算了吧！但是，日後人家若是有什麼需要我們幫忙的地方，一定要伸出援手。」

「我知道了，娘。」顧生回答。

日後，少女偶而會來顧書生家借米，顧書生當然義不容辭的幫忙，少女也會來幫顧書生縫縫補補，甚至做衣服、襪子。顧書生對少女也心存感激，所以每次有什麼吃的、用的東西總是會分給少女家一些。少女依然謝也不謝一聲，顧書生也習慣了這種互相幫忙的方式。

有一天，顧書生的母親下體部位長了一個瘡，不僅行動變得更不方便，平常也疼得厲害。少女就常常來幫她清洗和敷藥。顧書生的母親有點不好意思，可是少女卻一點也不嫌髒，將她照顧得非常好，顧母就說：

「哎！如果在我死前看得到顧家能有一位像你一樣的媳婦的話，不知道該有多好啊！」說完，就嗚咽地哭了起來。少女立刻安慰她說：

「您別這麼說，您有一位

這麼孝順的兒子，至少要比我和家母的情況好多了。」

「哎，再怎麼樣像我這種病，一個大男人又幫得上什麼忙呢？還好有妳的幫忙，要不然，我還真的不知道該怎麼辦呢！再說，我的日子也不多了，眼看顧家的香火就要斷了，我怎麼放心呢？」

這時，顧生在門外聽到了她們的對話，進了房門向少女表達了心中的感激，少女回說：

「顧公子常常照顧我和母親的生活，我都還沒道謝，妳怎麼反而先謝我呢？」於是，顧書生和顧母更加的喜歡少女。這一天，少女似乎也興起了想要報答顧家的念頭而暗自安排著。

過了幾天，少女在自家門口暗示顧書生到她家。顧書生被少女突然的好意所吸引，自然喜出望外，跟了進去。兩人終於發生了第一次的肌膚之親。日後，顧書生又向少女提出親事，可是少女依然冷漠地說：

「我為你洗衣、燒飯、操持家務，這樣子就已經算是你們家的人了，你又何必多此一舉？」

「難道你嫌我窮嗎？」

「不，只是我還有一些重要的事情必須處理，到時候自然會告訴你。」

過了幾個月，少女的母親過世了，顧書生也幫忙少女辦完了喪事。

有一天，顧書生想要去找少女，卻見大門深鎖，顧書生感到奇怪，只好帶著疑問離開。

隔天，少女又出現在顧母的房間裡，顧書生就說：

「妳昨天怎麼不在家呢？」

少女聽了有點生氣，說：

「每個人都有不想告訴別人的事情，請你不要再探問我的事情，好嗎？我說過，到時自然會讓你曉得一切。」

接著，又說：

「另外還有一件事情，你必須趕快去辦，我已經懷了你的孩子，再兩三個月就要生產了，爲了不讓左鄰右舍說閒話，我不能幫你照顧小孩，所以，必須找一位奶媽來幫忙，並且要說孩子是領養的才行。」

顧書生就立刻開始處理這件事情，過了一段時間，少女一直沒有出門，顧母有點不放心，就自己來到少女的家門口。「叩！叩！叩！」，沒人應聲，顧母不死心，又敲了許久，少女才披頭散髮地開了門，將顧母接了進去。這時，顧母看見床上多了一個嬰孩，少女才說：

「這孩子已經出生三天了，請您明天託人半夜的時候，來將孩子帶回去撫養吧！」回到了顧家，顧書生和母親都覺得這位少女眞的很奇怪，又想不出什麼所以然來。過了幾天，少女半夜突然來敲門，顧書生開了門讓少女進門。少女手上還提了一個布袋。顧書生丈二金剛摸不著頭緒，滿臉不解地問：

「你這幾天跑哪兒去了呢？我們都快急死了。」

「我是來向你們道別的。」

「爲什麼呢？」

「我原本住在浙江，家父是當官的，卻被仇人陷害而死，我帶著母親逃了出來，已經隱姓埋名三年了，就是要找機會替父親報仇，現在仇已經報了，所以我的使命也算完成了。」少女又說：

「當初因為你對我們母女照顧有加，加上你又沒有娶妻，所以，我就為你們顧家傳續香火，來當作報答，這樣你都明白了嗎？」

「是的，我都明白了。」顧書生看見布袋，便問：

「那這布袋裝的是什麼呢？」

「是殺父仇人的頭。」顧書生聽了嚇得倒退了兩步。

「還有，你要好好照顧孩子，你的福氣不大，壽命也不長，但是，這個孩子將來可以光耀你們顧家的門楣。好了，時間不多，我該走了。」話一說完，少女變成一道閃電，在眼前消失了，顧書生目瞪口呆，許久說不出話來。過了三年，顧書生果然死了。後來，那個孩子十八歲就中了進士，並將顧母這位祖母奉養得非常好，直到她高壽去世。

第2單元 陸判官

從前，安徽陵陽這個地方有一位讀書人，名叫朱爾旦，生性豪放，喜歡結交朋友。只可惜，他雖然很用功，可是在當地卻沒有一點名氣。有一天，朱爾旦和文社裡的朋友聚會，一位朋友就說：

「朱兄，人家都說您的膽子大，那您敢不敢深夜去十王殿，把左邊站的陸判官給背來？」

十王殿是一座供奉閻羅王的廟宇，裡面木頭雕的鬼神個個栩栩如生，跟眞的一樣，讓人看見了都會不寒而慄，尤其左邊那位陸判官，綠色的臉，紅色的大鬍子，瞪著圓圓的大眼，眞是恐怖。所以，社友提議朱爾旦去背陸判官出來的難度可想而知，一般人是絕對做不來的。

沒想到，朱爾旦卻說：「如果我做到的話呢？」

「那我們就湊錢請你大吃一頓。」

「一言爲定！今天晚上十二點，我就準時把陸判官給背來。」說完便離開了。

到了晚上，社友們還在討論這件事情的時候，朱爾旦在門口大聲喊：「各位，我已經把紅鬍子老師給背來了。」朱爾旦來到大廳，所有人一看，都吃了一驚。

朱爾旦將陸判官放下，並倒了杯酒說：

「朱爾旦生性粗野，將老師背來這裏並無惡意，請老師別見怪，老師不嫌棄的話，日後可以來學生家中喝幾杯，今日先以酒相待，希望從此我們之間沒有陰陽的界限。」

說完將酒撒在地上為禮，然後就背著陸判官回十王殿了。

第二天，文社的朋友們履行諾言，果眞請朱爾旦大吃一頓，有酒有肉，吃得不亦樂乎。吃完之後，朱爾旦回到家之後，還覺得不過癮，想要再喝一些酒。這時候，忽然出現了一個陌生人。朱爾旦嚇了一跳，便問：

「請問閣下是誰？」

「我是陸判官，就是你昨天背的那座雕像啊！」

「啊！原來是您！」朱爾旦已經嚇得退到牆角，酒也嚇醒了。又說：

「難道是我的死期到了嗎？昨天冒犯了您，您一定是來向我索命的吧！」

陸判官順了一順鬍子，笑著說：

「才不是呢！你先別害怕，聽我說。你昨天不是說我隨時可以來找你喝酒嗎？正好我今天有空，特地來找你。」

朱爾旦這下才恢復鎮定，趕緊請他坐下，又準備生火暖酒說：「陸老師，稍等一下，酒馬上就好。」

「不必了，今天沒有那麼冷，我看酒不必暖了。」於是兩人就開始聊天、喝酒。陸判官酒量非常好，酒過三巡仍然面不改色。但是，朱爾旦也不是省油的燈，兩人可以說是棋逢敵手，喝得非常愉快。又喝了許多酒之後，朱爾旦漸漸不勝酒力，倒在桌上睡著了。

等到早上醒來的時候，陸判官早已不知去向了。從此之後，陸判官三兩天就來一次，兩人交情愈來愈好。

有一天，朱爾旦興致一來，寫了一首詩。

「陸老師，請您指教學生所寫的作品。」

「不瞞你說，你的文筆眞的需要多加強才行。」

「請老師指點迷津。」

「不急，不急，來！喝酒。」

這一天晚上，朱爾旦喝醉了，就先躺在床上休息，半夜的時候，朱爾旦覺得胸口一陣疼痛而醒來，卻看到陸判官坐在床的旁邊，手上拿著人的腸子，而自己的胸膛竟然也被剖開了，朱爾旦驚恐地說：

「老師，我和你無怨無仇，爲什麼要殺我呢？」

「沒事，不要慌，我只不過是幫你換了一副聰明的心腸罷了。」然後，一面說一面將腸子放進朱爾旦的肚子裡，包紮好傷口，然後略施法術，傷口就癒合了。朱爾旦摸摸胸口，也不覺得痛了，這才放心。

「那桌上的心腸是怎麼回事？」

「喔！這就是你原來的心腸啊！你的文才不好，就是因為沒有聰明的心肝。現在我特地從陰間找了一副，和你的心肝交換。好了，時間不早了，我也該走了。」

說完便消失了。說也奇怪，從此之後，朱爾旦的文筆就有如神助一般，讀書也能過目不忘，所以程度上進步了不少。連文社的朋友都嘖嘖稱奇，感到不可思議。

過了幾天，朱爾旦又寫了幾篇文章拿給陸判官過目。

「這樣就沒問題了，日後你將能夠獲得功名。」

「眞的嗎？那老師說我什麼時候會有功名呢？」

「就在今年。」

後來，朱爾旦參加了考試，果然榜上有名，從此生活也得到了改善。

第3單元 畫皮

在山西省的省會太原這個地方，住著一位青年，只知道他姓王，但不知道名字，就姑且稱他為王大郎吧！王大郎已經成親和妻子的感情非常好。

有一天清晨，王大郎在街上遇見一位年齡大約在十七八歲的少女，這位少女手上挽著一個包袱，一個人獨自在路上走著，卻走得很不穩好像隨時要倒下的樣子，大郎快步向前，想要幫她，這才看清楚這位少女的長相。「好一位美麗動人的姑娘啊！」王大郎心裡對少女產生了好感。就問說：

「姑娘為什麼一個人獨自在大清早上街呢？」

少女白了他一眼，說：「你只不過是個路人，如果不能幫我的話，又何必多問呢？」

王大郎立刻說：「妳有什麼困難，我可以儘量幫妳。」

少女就一臉愁苦的說：

「我的父母因為貪愛錢財，所以，把我賣給了有錢人家做小老婆，沒想到，卻遭大老婆嫉妒，視我為眼中釘，刻意找麻煩，你看我這些傷痕，就是被她長期虐待所留下的傷痕。」

一面說一面撥開袖子，露出黑青的條紋，王大郎看了心中又是一陣心疼，非常同情少女的遭遇。

少女接著說：

「我就是受不了大老婆，才在今天乘機逃了出來，準備離開這個地方。」

王大郎問她：「那妳準備要到哪裡去呢？」

「我也不知道，走一步是一步。」

「不如這樣，我家就在這附近，妳先到我家避避風頭，等傷養好了再啓程如何？」王大郎提出建議。

「眞的嗎？眞是謝謝公子了。」少女像是看見了一線希望，就高興地跟王大郎回家了，兩人到家之後，大郎招呼少女坐下，少女說：

「多謝公子相救，但是，請別張揚我的事情，否則我又會被人抓回去的。」

「妳放心住下吧！別擔心。」

大郎將這件事情告訴了陳姓妻子，妻子不放心，想要將少女打發走。

「拜託，不要隨便惹麻煩好嗎？」

「好啦，我自有分寸。」妻子拗不過丈夫只好答應。

過了幾天，王大郎走在街上，遇見一位道士。道士看了大郎一眼，覺得不對勁，急忙問他。

「這位公子最近可有遇到奇怪的事情嗎？」

「沒有啊！」

「你身上帶有一股邪氣，還說沒有。」

「你別胡說八道了，我好得很。」

王大郎不理道士，繼續往前走，道士搖搖頭嘀咕著：

「真是傻瓜，死到臨頭還不知道。」

大郎一面走一面想：

「路上這麼多人，爲什麼道士專挑我說這些話呢？難道家裡的那位女子眞的有問題嗎？」

王大郎心中開始感到不安，就立刻返家去看個究竟。書房的門鎖著，他無法進去，於是，就將窗户挖一個小洞，然後往裡面望，卻看見一個相貌非常兇惡、醜陋的魔鬼在房間中，牙齒露在嘴外足足有兩寸長！魔鬼把一張人皮放在桌上，用不同顏色的筆在人皮上畫出人的模樣，畫好之後將人皮披在身上，立刻成了一位嬌滴滴的女子。

王大郎嚇得說不出話來，連滾帶爬地跑到大街上，到處尋找先前的那位道士，找了許久，終於在郊外找到了道士。王大郎連忙對他說：「先生救命啊！您說的一點都沒錯，我家正有一個魔鬼啊！請您別見怪我的無禮啊！」

道士見他很有誠意，就答應他說：

「好吧！這拂塵給你，回去掛在房門上就可以了。」

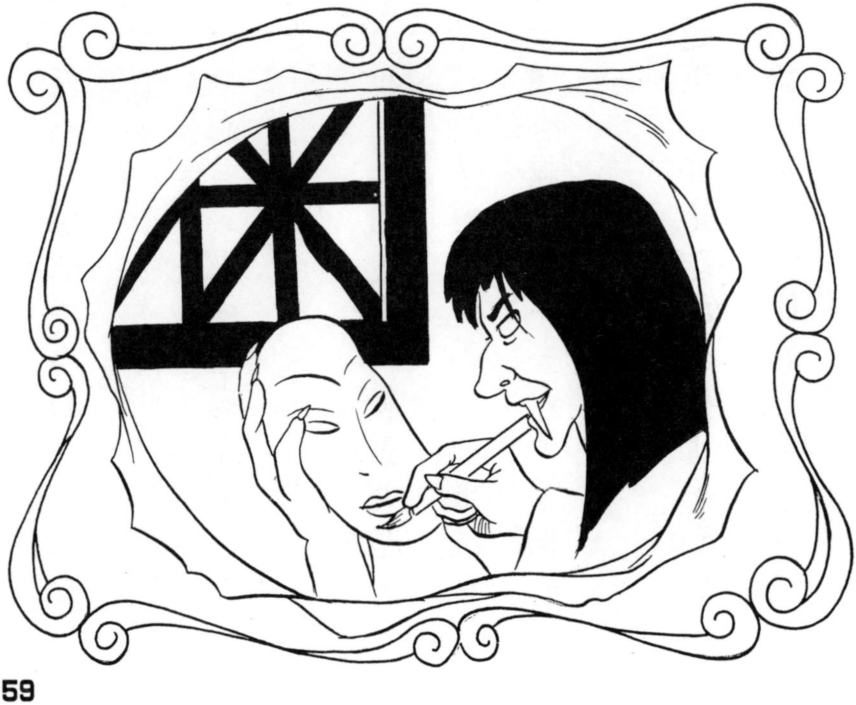

臨別的時候，兩人約好明天在青帝廟門口碰面。大郎回家之後，將拂塵掛好，待在房裏不敢出去，沒想到這時候女子來到門口，看到了拂塵不敢向前，恨得牙癢癢地說：

「哼！煮熟的鴨子怎可讓牠飛了。」

於是蹬步一跳，將拂塵取下折斷，隨後進門將王大郎的胸口剖開將心臟取走了，妻子這時候嚇得說不出話來，只是哭泣，天亮之後，陳姓妻子叫小叔王二郎去青帝廟告訴道士事情的經過。

道士來到王大郎的家中，遍找不著魔鬼的蹤影，可是，道士有感應到魔鬼就在附近，於是指著附近的一間房子問二郎說：「那間房子的主人是誰？」

「是我的房子。」王二郎回答。

「那你家中今天可有不尋常的事情發生？」

「沒有，只是今天有一位老太婆來家中想要來幫傭，我妻子不答應，她還賴著不走呢！」

「那就沒錯了，她就是魔鬼假扮的。」

於是，他們走進二郎的家中，一見到那位老婦人，道士用桃木劍一揮，老婦人立即倒下，人皮掉了下來。魔鬼現出了醜陋的原形躺在地上大叫，叫聲真是比殺豬還難聽。魔鬼奮力想要奪門而出，道士揮劍一砍，魔鬼的頭顱掉了下來，身體化成了青色的煙霧。道士說：

「唉！早知如此，又何必當初呢？」然後，解下腰上的葫蘆，蓋子一開，那陣青煙就全被吸進了葫蘆裡。道士撿起了那張人皮，捲起來收進了袋子裡去，準備要離開，大郎的妻子卻拉住道士說：

「大師，您別走，您想想辦法讓我丈夫起死回生啊！」

道士面有難色說：

「夫人，我的法術淺，無法讓你丈夫復活。不過……」

道士想了一下，接著說：

「不過，我倒有個法子妳不妨試試看。」

「您快說啊！什麼方法我都願意試。」

「好吧！市集上有個瘋子，他時常睡在垃圾堆裡，妳找到他之後向他叩頭，請求他幫妳。就算他侮辱妳，妳也要逆來順受，千萬不可以生氣，否則就前功盡棄了。」

於是，陳姓婦人隨同王二郎到大街上尋找這位瘋子，兩人沿街打聽之後終於找到了這位瘋子。瘋子全身骯髒不打緊，還發出了惡臭，鼻子還掛著兩條長長的鼻涕。街上的人見到他都紛紛躲避，婦人見到瘋子立刻下跪，婦人這樣的舉動，引起了路人的好奇而停下來看熱鬧，她雖然很不好意思，可是，愛夫心切也不管這麼多了。

「大爺，求求您行行好，救救我的丈夫啊！」婦人跪下求著乞丐。

乞丐笑著說：「咦？這位美人妳是愛上我了嗎？」

婦人就將丈夫發生的事情，從頭到尾向瘋子說了一遍，沒想到，瘋子無動於衷，又說：

「眞奇怪，人都死了，還來找我做什麼？難道我是閻羅王嗎？」瘋子轉笑爲怒，拿著手上叫化棒猛打婦人，婦人爲了丈夫，忍痛挨了許多棒。隨後，瘋子吐出了一口濃痰在手上，拿到她的面前說：「來，吃了它！」

婦人忍辱吞了痰之後，想要繼續求瘋子的時候，瘋子卻一溜煙地不見了。婦人和二郎東找西找，就是不見瘋子。「唉！白忙了一場。」兩人只好失望的回家了。婦人回到家中看見丈夫的屍體，又是一陣難過，就將留在屍體外的腸子放回肚子裡。

這時候，婦人突然想要嘔吐，於是吐出了一團東西，還來不及看清楚那團東西是什麼？就已經跑進了屍體的胸膛了，這才知道原來是一顆心臟。

不一會兒，心臟就撲通撲通地跳動起來，連肚子上的傷口都漸漸的合起來了，婦人和二郎嚇得啞口無言，也不敢高興得太早。

到了午夜，王大郎竟然能夠呼吸了，到了天亮，當第一道陽光射進屋裏，照在屍體上的時候，屍體就自己坐起來了，應該說王大郎復活了！從此就和正常人一樣生活著，當然，夫妻倆的感情也更好了。

第4單元　種梨

從前，有一個賣水果的商人，批了一整車的梨子到街上賣。他賣的梨又香又甜，可是，價格非常貴，不是一般人可以買得起的。一位穿著破舊衣服的道士經過了商人的旁邊，聞到了梨子的香味，便停下腳步對商人說：

「這位施主，我剛到這個鎮上，之前翻山越嶺乾糧早已吃完，身上的盤纏又用完了，現在又餓又渴，您可不可以好心施捨一個梨子給我充飢呢？」

商人露出不耐煩的表情說：

「臭道士，我的梨子可是上等貨呢！給你吃也未免太浪費了吧！快滾吧！」

道士仍然不死心，繼續相求，連路人看到他那副面黃飢瘦的模樣，都開始同情他了。於是，有路人就爲道士說話：

「老闆，你就發發慈悲，給他一個梨子吧！」

商人依然不肯，還發了脾氣說：

「喂！我可是出來做生意的，不是來作好人的，況且，我可憐他，誰來可憐我呢？」

就這樣你一句我一句的，道士還是吃不到梨子。後來，旁邊一家雜貨店的老闆實在看不下去了，就自掏腰包買了一個梨請道士吃。道士見老闆人不錯，接過梨子向他道了謝說：「老闆，您心腸眞好，換我來請您吃梨子。」

老闆推辭說：

「不了，不了，小事一樁，不足掛齒，俗話說：『在家靠父母，出外靠朋友』，這位師父您就別客氣了。」

路人聽了道士的話，覺得不對勁，問說：

「師父，你都要向人要梨來吃了，又怎麼有錢請人家吃梨呢？」

「等我吃了這棵梨，再用梨子的果核來種就有了。」道士三兩下就把梨子吃完了，只留下果核，然後在地上挖了一個洞，將果核埋下去，向人討了一盆水澆下，這時候圍觀的人愈來愈多，大家都趕來看熱鬧，道士為了要方便施法，對圍觀的人說：「對不起，請大夥讓讓。」路人這才讓出了空間給道士。只見道士口中念念有詞，過了一會兒，地上冒出了樹芽，然後迅速地長成了高約三公尺的梨子樹。

看熱鬧的人，有的鼓掌叫好，有的已經驚訝得說不出話來，連原先賣梨子的商人也丟下攤子不管，跑來湊熱鬧了。接著，梨子樹開花、結果，然後長滿了整樹的梨子，觀眾又是一陣嘩然。道士拿著桃木劍，對著梨樹一砍，梨樹應聲倒下，道士挑了幾個最飽實的梨子送給了雜貨店的老闆，回報他的好意，然後對群眾大聲地說：

「各位！這些梨子大家儘管享用，今天小弟我請客。」

圍觀的群眾一聽，高興地摘取果樹上的梨子。一會兒，地上就只剩下一株空蕩蕩的枯樹，人群也全走光了。

那個賣梨子的商人，也正在為自己搶到了兩顆梨子而感到高興，當他轉身走回攤子一看，吃驚地大喊說：

「天啊！我一整車的梨子怎麼不見了？」

原來，剛才大家所吃的梨子，全都是商人車上的梨子。這些都只是道士的把戲而已，可是，商人又沒辦法討回他的梨子，而道士再也沒有出現了。

第5單元　席方平

從前，有個叫做席方平的人，他的父親叫席廉。席廉為人憨直，因此常常受到同鄉羊姓富翁的欺負。後來羊姓富翁因病去世了，過了幾年之後，席廉也生了一場重病，性命垂危，他臨死前卻大喊大叫地說：

「羊老頭已經買通了陰間的官吏，將我打了一頓。」

說完，就痛苦地死了。席方平看見父親生前受人欺負，死後還無法得到安寧，心中非常憤憤不平：「難道貧窮就活該要受有錢人家的氣嗎？我一定要去陰間，替父親討回公道。」

說也奇怪，就在這時候席方平的魂魄居然脫離了肉體，感覺輕飄飄地，好像沒有重量一樣。席方平走出了家門，也不知道要往哪裡去才能到達陰曹地府。他看見許多遊魂在街上行走，所以，也跟著走，走著走著來到了縣城隍廟，打聽之後，才知道父親收押在監牢裡。席方平找到了父親，看見父親全身是傷，心中眞是難過，說：

「到底是誰把您打成這樣的？」

席廉有氣無力的回答：「羊老頭買通了這裡的鬼卒，存心要讓我不好過。」

席方平立刻寫了一張狀紙呈給縣城隍，羊老頭知道了這件事，就花錢買通了上上下下的鬼差。縣城隍爺又認為席方平沒有確實的證據，不能胡亂控告別人。席方平不甘心，又走了一百多里路

，來到了府城的城隍廟，並向府城隍爺控告縣城隍收受賄賂。沒想到，府城隍爺認爲他胡鬧，說：

「大膽刁民！竟然控告縣官，眞是活得不耐煩了。」

於是，將他打了一百大板，席方平仍然不死心說：

「我就不相信世界上沒有公道！」席方平拖著虛弱的身軀，一步一步的走到閻羅王府，準備向閻羅王控告縣城隍爺和府城隍爺貪污，閻羅王府的人接過狀紙，對他說：

「你先回去，明早閻羅王會傳你來說明。」

當天晚上，縣、府兩位城隍派鬼差帶了黃金一千兩，想要和席方平和解，希望他撤回告訴。

席方平並不理會，鬼差說：

「哼！敬酒不吃吃罰酒，原本想和平解決，既然你要找罪受，我也沒辦法。」

鬼差隨後又到閻羅王那裡，說席方平的壞話。到了第二天，席方平來到閻王府，閻羅王還沒等他開口說話，就說：「給我打二十大板。」打得舊傷還沒復原的席方平哭天喊地，只能咬著牙說：

「可惡，誰叫我沒有錢呢？遇到了這些貪官。」

閻羅王聽了更加地生氣，說：

「把他放在火床上教訓他一下。」

說到火床，只不過是一塊鐵板而已，但是恐怖的是，鐵板被燒得透紅。席方平就這樣被摔在鐵床上，頓時冒了一陣白煙帶著燒焦味，他痛得在鐵床上打滾，哀求閻羅王：

「你乾脆讓我死好了，何必要這樣折磨我呢？」

其實，人也只有在死的時候，才能夠來到地府的啊！又怎麼能再死一次呢？所以，就算席方平想死也死不成！眼看席方平幾乎體無完膚、全身焦黑，才被小鬼扶起來，帶到閻羅王的面前。閻羅王說：

「你還要控告縣、府兩位城隍嗎？」

「當然！為了父親，我要控告到底，不僅要控告羊老頭、兩位城隍爺，還要告你這位昏庸的閻羅王！」閻羅王本來以為給他一點教訓他就會害怕，沒想到他脾氣這麼倔，於是又叫小鬼把他身體鋸開。小鬼用一把大鋸子毫不留情地從頭開始鋸，席方平痛得大叫，可是鋸子仍然一來一往地從他的頭頂一直往下鋸，過了一會兒，席方平也叫不出來了，因為他的嘴巴已經被鋸成兩半，再也喊不出聲音。

「這個人心地還不壞，別鋸壞了他的心。」小鬼似乎開始同情席方平，避開了心臟，最後終於鋸開了整個身體。隨後，席方平的兩塊身體被搬到了閻羅王的面前，小鬼又把他的身體黏起來，好讓他說話。閻羅王又問他：「你還要繼續控告嗎？」席方平不再嘴硬，怕永遠走不出閻王府，就無法替父親申冤了，所以回答說：「小人不控告了，小人知錯。」閻羅王這才放他走，希望他立刻回陽間，不要再鬧事。

席方平拖著又痛又累的身軀走在回陽間的路上，正巧遇到天庭的二郎神下凡巡視人間。二郎神聽了他的遭遇立刻帶他到天庭晉見玉皇大帝。玉皇大帝說：

「真有此事？」「小人所說的句句實言。」

於是，玉皇大帝派二郎神到陰曹地府一探究竟。

不久，二郎神求證的結果，果然和席方平所說的一樣。於是，玉皇大帝下了一道諭令，交待二郎神去拘提三位官員到天庭受審，三位官員看到了席方平也在場，知道大事不妙，紛紛求饒。

後來，三位官員都受到了適當的懲罰，縣、府兩位城隍被免去了官職，閻王爺從此之後也都能公正地處理案件，再也不徇私了。

至於羊老頭所有的陰間財產都被沒收，再也無法做惡，還受到許多酷刑，許久不能投胎做人。而玉皇大帝為了補償席廉，讓他回到陽間繼續生活，直到一百歲。

另外，爲了懲罰羊家的所作所爲，就把羊家的家產，轉移到席家。席家父子成爲富翁之後，並沒有改變勤儉的生活，反而常去照顧窮人，包括了羊家，可是，羊家的子孫一直不爭氣，一直都受席家的接濟，就是無法富有起來。

第6單元 西湖主

陳弼教，號明允，河北人，他家境清寒，擔任副將軍的機要秘書。

有一次，他隨同副將軍外出，當他們坐的船經過洞庭湖時，湖中突然冒出一隻身長兩丈，全身長滿鱗片，還有四隻腳加上長長尾巴的龐然巨物，這就是人稱的「豬婆龍」。豬婆龍浮出水面，副將軍看到後，隨即拉弓一箭射去，射中牠的背，豬婆龍受傷後被士兵合力捉上岸，並關在湖邊的一個水牢裡，眼看牠奄奄一息就快要死了。陳弼教於心不忍，請求副將軍放了牠，副將軍說：

「好吧！當初捉牠只是好玩，現在牠快要死了，留著也沒用，就交給你處理吧！」

陳弼教將豬婆龍身上的箭拔了出來，拿出隨身攜帶的珍貴刀傷藥，幫牠敷藥後才放了牠。過了一年，陳弼教因為公務的關係又坐船經過了洞庭湖，不幸遇到大風雨，船身翻覆，全船的人因而遇難，陳弼教幸運的抓到了一根大木頭才沒有溺死，陳弼教游到岸邊休息，準備等衣服乾了，體力稍為恢復了才離開這個荒郊野外，這時候，有一隊騎著馬的女子走過來對他說：

「這位公子，請你趕快離開，今天西湖主要在此地打獵，希望你不要在這裏礙事，否則會被處死呢！」

陳弼教說：

「我也想走啊！可是我又累又餓，都快昏倒了。」

隊長就給了他一些乾糧並打發他走，陳弼教也避開了她們的路線，改走小路，後來，陳弼教在樹林中發現了一座宛如皇宮的建築物，不僅外觀雄偉，佔地更是驚人，陳弼教好奇的爬過圍牆溜進去花園裏面，他躲在樹叢中，不久聽到一群女子有說有笑的走來，其中一人說：「眞是的，今天要不是公主射下了一隻大雁，我們就白跑一趟了。」過了一會兒，一位身穿白紗的女子出現了，身旁有七八位丫鬟，陳弼教心裡想：

「人間竟然有這樣美麗動人的女子啊！簡直就是仙女下凡嘛！」

公主親切地和其他的女子談天休息，一點也沒有公主的架子，過了一段時間，公主起身離開，其他的人也跟著公主離去，這時躲在樹叢的陳弼教才敢出來，望見地上的一條手巾，於是陳弼教就在手巾上題了一首詩，表達了對公主的愛慕之意，才寫完，一位丫鬟正好跑來，看見陳弼教說：

「你是誰？怎麼會在這裡？」

陳弼教說明一切，丫鬟見他也不像是壞人，就對他說：

「這一條手巾是我們公主的，請還給我。」

陳弼教於是將手巾還給丫鬟，丫鬟接過手巾說：

「你看你將公主的手巾塗成這樣，到時候公主怪罪下來，把你殺了我可不管，你先別走，留在這裡等候。」

過了一個時辰，丫鬟回來說：

「算你運氣好，公主看了你所寫的詩決定賜你不死，眞是福氣呢！」

往後的幾天，陳弼教被留在花園旁的一間小房子，三餐都有人送飯過來。有一天，丫鬟匆忙地跑來說：

「大事不好了！多嘴的人將你的事情向王妃說了，王妃看到你題的詩，氣得說要殺你，這下你可完了。」

王妃命令十位壯漢將陳弼教五花大綁。陳弼教被帶到王妃的面前。王妃原本很生氣，後來仔細一看，才說：

「這不是陳相公嗎？來人啊！快將陳相公鬆綁。」

陳弼教丈二金剛摸不著頭緒，但卻不敢多說話。

王妃接著說：

「陳相公，您記得去年在洞庭湖所放生的豬婆龍嗎？就是我，要不是您救了我，我早就死了。」

陳弼教這才想起來這件事，一方面也感到不可思議。

王妃說：「公主今天還一直求我不要殺你，看來小女是愛上你了，如果陳相公不嫌棄的話，我就將小女許配給你，不知你意下如何？」

「謝謝王妃。」陳弼教回答。就在當天，公主和陳弼教在大家的祝福下成親了，兩人快樂無憂的生活了三年。

有一天，陳弼教突然想起家人，想要回家一趟，由於陳弼教在家鄉已經有一位妻子，公主也是一位明理的人，就說：「好吧！你也應該回家了。」

公主用洞庭湖的水替陳弼教齋戒沐浴了三天，才讓陳弼教回家鄉去。陳弼教回到家，妻子見到他，嚇了一跳，因爲大家都以爲他早在三年前就在洞庭湖淹死了。陳弼教這時候突然出現，妻子當然是又驚又喜。後來陳弼教和妻子生活在一起，用公主送的金銀珠寶做生意，成了富翁。

過了幾年之後，陳弼教家鄉的朋友梁子俊，因爲經商失敗就搭船要回家鄉，經過洞庭湖的時候，看見湖上有一艘大船，而陳弼教就在大船上，於是大喊：「喂！弼教！我是子俊啊！」

陳弼教立刻將他迎上大船，兩人寒喧了之後，梁子俊看見了公主便問：「請問這位姑娘是……」

「是我妻子。咦？你怎麼會在這裡呢？」

「唉！因爲經商失敗，現在只剩下回家鄉的錢，只好一切再從頭開始了。」梁子俊唉生嘆氣說著。

「沒關係，這些珠寶你帶回去，希望對你有幫助。」

梁子俊收下珠寶，感激的連聲道謝，上岸之後，買了一匹快馬趕回家鄉，準備東山再起。當他回到家鄉的時候卻又看到了陳弼教，趕忙說：

「你前天還在洞庭湖，怎麼會這麼快就回來了呢？」

「不會吧！我這半年來一步也沒有離開過家鄉啊！」這樣奇怪的事情，誰也沒辦法解釋。陳弼教在家鄉和妻子一起生活，直到八十一歲才去世。到了出殯的時候，抬棺的人覺得很輕，請求陳弼教的妻子開棺確定。沒想到，開棺的時候，棺材裡面竟然什麼也沒有！

第7單元　勞山道士

從前，有一位姓王的富家子弟，在家排行第七，所以別人都叫他王七。王七從小就很喜歡有關於奇門遁甲方面的事情。他聽說勞山上的仙人很多，所以他就想上山去修道。因爲家中經濟寬裕，不愁吃穿，所以妻子也並不太反對他去做他自己喜歡的事情。

於是王七告別了家人，背著簡單的行李和乾糧，爬了兩天的山，才來到山頂，看見一位老人身穿道服坐在蒲團上打坐，氣色紅潤根本不像是上了年紀的人。王七立刻跪下叩頭拜師：

「請老前輩收弟子為徒。」

「看你一副嬌生慣養的樣子，不適合這種修道生活，我看你還是回家去吧！」老人對他不加理會。

「前輩，我可以吃苦，請您相信我，收我為徒吧！」

王七再三的懇求，並保証可以吃苦耐勞，老道士終於答應收留王七。於是就帶著王七回道院。老道士的徒弟很多，加起來有四五十人，可是成才的卻沒幾個。

「你以後就和大家一起修練和做事，不准偷懶。」

「弟子知道。」

從第二天開始，王七就跟著師兄挑水、砍材、生火煮飯樣樣都來。不出一個月，手上都長繭了，而且全身的筋骨好像要散了一樣。可是，王七為了證明他可以吃苦，所以一句怨言也沒有。

可是又過了一個月，王七還是做著同樣的事情，不免開始興起回家的念頭。便問師兄說：

「唉！這麼累。做工也做了兩個月，師父怎麼還沒教我們仙術呢？」

「你才來兩個月而已，我都已經來了兩年了。還不是一樣在做同樣的事情。」師兄回答：

「啊！兩年。這麼說，我的日子還久得很囉！那豈不是要老死在這裡了嗎？」

王七愈想愈不平衡。第二天，就跑去找師父：

「師父，我決定要下山回家了，因爲你遲遲不教我仙術，只叫我做一些粗活眞沒意思。」

老道士說：

「好吧！既然如此，你就收拾行李回家吧！」

王七說：

「在回家之前，弟子有一事相求，希望師父成全。」

「什麼事？你說。」

「能與師父相逢也算是有緣，弟子希望在下山之前，師父可以傳授一招半式，這樣，回到家鄉也有面子，不要讓人看扁了。不然，這兩個月豈不是白來？」

老道士說：

「好吧！我就教你一套穿牆術，只不過有個條件。」

「什麼條件？」

「施展法術的時候，要用在救人助人的事情上，不可以只是爲了向別人炫耀，或者是用來害人。」

「弟子受教，必會銘記在心。」

於是，兩人來到牆壁前面，老道士口中念念有詞，然後輕鬆地穿過了厚厚的石牆，看得王七是目瞪口呆，隨後興奮的說：

「眞是讓我大開了眼界，師父您眞是太厲害了。您就快點教我吧！」

道士將口訣一遍又一遍的重複傳授。王七背會了口訣決定一試身手。果然也能夠輕鬆地穿過了厚厚的牆壁。

「謝謝師父！謝謝師父！」

王七告別了師父和師兄們，快樂地下山回家了。王七回到了家鄉之後，鄰居紛紛圍過來，問他在山上這兩個月的生活。

「王七，你就快告訴我們你到底學了什麼仙術，表演一下嘛！」

王七原本還記得師父下山前的吩咐，不可以因爲炫耀和做壞事而施展法術。可是，在大家的請求之下，王七被大家捧爲英雄，就漸漸忘了和師父的約定。於是，在虛榮心作祟之下，終於帶著驕傲的口氣說：

「好吧！既然大家這麼期待，我也不想讓大家失望，我就露一手吧！我現在就來表演一套穿牆術，請各位鄉親注意看了。」

王七走到牆壁前面，然後故做法術高強的樣子，就是希望大家都以爲自己學有所成，然後念了口訣快速衝向牆壁，結果「碰！」的一聲，王七不但沒有穿過牆壁，頭上還撞出了一個大包。

「哇！好痛啊！」王七痛得在地上打滾，可是並沒有人同情他。

「唉！原來是騙人的啊！根本沒學到仙術嘛！」

「就是嘛！好失望喔！」

「真是的，浪費時間，害我還特地跑來看。」大家你一句我一句，邊說邊離開，留下王七一個人在那邊。王七這才後悔，沒有遵照師父的吩咐而自作聰明。王七拍拍身上的灰塵，摸著頭，羞愧的回家了。自此之後，他再也不提要修煉仙術的事情了。

第8單元　葉生

在淮陽這個地方，有位書生姓葉，名字已經沒有人記得了。就稱他為葉生吧！葉生雖然滿腹經論，也寫得一手好文章，可是，他的運氣卻非常不好，每次考試都考不上。丁乘鵬是從關東來上任的新任淮陽縣令，在一次偶然的機會中看見了葉生所寫的文章，非常賞識他，就請葉生來家中做客，交談之後非常愉快，便留他在縣府裡，並提供他讀書的費用，還常常送錢和米給他，讓他減少生活上的負擔。

考試的時候，丁乘鵬特地向主考官推薦葉生，主考官看了葉生的文章也很滿意，結果葉生考上了秀才的第一名。接下來，葉生參加了鄉試，卻又因爲運氣不佳而沒有考上舉人。

葉生回到家中，埋怨自己說：

「我爲什麼這麼不爭氣呢？枉費了丁縣令的照顧。」

從此，葉生一直鬱鬱寡歡、不吃不喝，身體漸漸變差，而且整天都在發呆像個木頭人，誰也不理。有一天，丁縣令派人請葉生到縣府一趟，丁縣令見到他這個樣子就勸他說：

「別再自責了，『留得青山在，不怕沒材燒。』這樣好了，等我任期三年滿的時候，隨我到家鄉當老師吧！」

葉生答應了丁縣令，可是回到家依然意志消沉、悶悶不樂。不久之後，葉生終於病倒了，吃很多藥都沒有用。這時候，丁縣令也因為得罪了上司被免去縣令的職務。於是丁乘鵬寫了一封信託人帶過去給葉生，希望葉生第二天早上帶著行李到縣府找他，然後一同回關東。可是，葉生的病還沒好，就對送信的人說：

「請轉告丁大人我的病一時還好不了，請他先起程吧！不用等我了。」

送信的人將葉生的話回覆了丁乘鵬，丁乘鵬還是不忍心自己先走，就為葉生又多留了一段時間。

有一天，葉生突然帶著行李跑來找丁乘鵬：

「真是不好意思，讓您久等了，因為前陣子生病無法和大人同行還讓您等我，心裡真是過意不去。」

丁乘鵬高興地說：

「別說這麼多了，我們現在就啓程吧！」

他們回到關東，安頓下來之後，丁乘鵬讓他的兒子拜葉生為師，早晚都一起讀書。丁乘鵬的兒子叫做在昌，今年已經十六歲，非常聰明，書本只要看兩三遍就能背誦，但卻還沒能夠寫文章，所以，葉生就專門針對在昌的寫作能力來加強。

一年之後，在昌已經可以寫出一篇篇好文章，加上丁乘鵬的從旁輔導，不久，在昌就中了秀才。後來在昌要參加鄉試，葉生就將他自己生平所寫的文章叫在昌讀熟。後來，考試的時候，在昌發現題目都是葉生所傳授過的，所以，在昌高中了榜首，葉生和丁乘鵬都非常地高興。一天，丁乘鵬對葉生說：

「老弟，你只拿出了這麼一點本領出來，就讓在昌高中榜首，你的才能如果就此埋沒下去，不是很可惜嗎？」

葉生不以爲然，說：

「這大概是命中注定的吧！至少可以藉由在昌的表現證明自己的才能，更何況有你這位知己肯定我的才能就足夠了，何必一定要在考試中證明我自己呢？」

「說的也是，不過你也來關東多年了，是不是應該回家去看看呢？」

「丁兄，您說的對，可是我現在功不成、名不就的，又有什麼臉去面對妻子和家人呢？」

「好吧！我也不勉強你，你自己拿主意吧！」

後來，葉生陪在昌前往京城考試，在昌又中了進士，而葉生也在這時候參加了當地的鄉試，中了舉人。在昌將要被派到河南當官，於是在昌對葉生說：

「學生任職的地方離老師的家很近，不如老師陪學生一同前往，順便可以回家探望家人，而且，老師現在也考中了舉人，正好衣錦還鄉，不是嗎？」

葉生聽了覺得有道理，便和在昌一同前往。葉生回到家門口，看見妻子正在院子，急忙喊著：

「娘子，我回來了！」

妻子看見葉生不但沒有高興，還嚇得躲回屋裡，直喊：

「見鬼啦！」葉生為妻子突然的舉動感到不解，說：

「娘子，難道你不認得我了嗎？我是你丈夫啊！」

妻子驚魂未定，躲在門後面說：

「我就是認得你才會嚇一跳啊！你早在幾年前就死了，因為家裡窮沒錢將你安葬，連棺材都還放在家中呢！不信你自己進來看。」

葉生這才踏進家門，打開棺材一看，看見自己竟然躺在裡面！

「這怎麼可能！」葉生說完，立刻化成了一陣煙霧，只留下衣服褲子和鞋子在地上而已。後來，在昌知道了這個消息立刻趕來，然後給了葉生妻子許多錢，安葬了葉生。還爲葉生的兒子阿大請了老師，讓他安心讀書。

後來，阿大不負在昌的期望，也高中了秀才，葉家的家境也從此改觀，和母親快樂的生活在一起。

第9單元　伍秋月

從前，在高郵這個地方，有一個人名叫王鼎，號仙湖，他為人慷慨，體型高大，力大如牛，喜歡結交朋友。

王鼎十八歲的時候，妻子因病去世，所以王鼎就常常獨自到遠方去遊山玩水，來抒解心中的難過。王鼎的哥哥是當地有名望的人，和王鼎的感情從小就很好，哥哥見王鼎幾乎整年都在外地，就勸他少出門，還準備為他再物色一位老婆，可是王鼎的意願並不高。

有一天，王鼎到鎮江去探望老朋友，不巧的是，朋友外出不在家，王鼎就在朋友家附近的一間客棧住下，王鼎的房間在二樓，視野很好。他向窗外望去，江水清澈，山巒疊翠。

「好一幅風光明媚的山水畫啊！」王鼎愉快的靠在窗前欣賞風景，久久不忍離開。第二天，朋友來到客棧找王鼎，並誠意邀請他到家裡去住，王鼎一方面怕會增添朋友的麻煩，一方面他對客棧的風景情有獨鍾，所以就辭謝了朋友的好意。

王鼎在客棧住了半個月，有一天，王鼎夢見和一位女子約會，這位女子非常年輕，應該不出二十歲，容貌姣好，端莊而美麗，王鼎醒來後總覺得夢境很真實，感到有點奇怪，接連幾天，他又夢到了這位女子。

後來，王鼎乾脆不熄燈，好證實這到底是夢還是真實的事情，當王鼎正要閉上眼睡覺的時候，女子又出現了，王鼎忽然驚醒過來，卻發現女子仍然在他的身旁。王鼎這才確定，原來這一切並不是作夢，女子看見了王鼎，羞澀的側過臉，不好意思正面看王鼎，王鼎雖然知道她並不是人，卻一點也不害怕，主動問她說：

「在下是王鼎。請問姑娘如何稱呼？」

女子回答說：

「我叫伍秋月，家父是讀書人，小有名氣，他精通易經，能夠知道過去和未來的事情，父親說我壽命不長，所以一直不把我許配人家，怕耽誤人家的幸福，後來，我在十五歲的時候生病死了，父親就叫人將我葬在家的東面，還交代工人把我埋在與地面同樣的高度，而不把我埋進地底深處。」

伍秋月看了王鼎一眼，繼續說：

「我死之後父親並沒有爲我立墳墓，只放著一塊石板，上面刻著『女兒秋月，葬後無墳，三十年後嫁給王鼎』如今已經三十年了，正如父親所說，你出現了，所以，我心中高興，很想跟你說明一切，可是，有點不好意思，又害怕嚇到你，所以只好和你在夢中相會。」

王鼎聽了非常吃驚，但卻不害怕，反而高興。王鼎想要她留下來，伍秋月就說：

「我只要吸進一點點的陽氣就可以復活，以後我們倆的日子還長，不必急在一時。」

說完，就離開了。

第二天晚上，伍秋月又來了，他們說說笑笑，就像是名正言順的夫妻一樣，兩人情投意合，彷彿認識了很久。當天晚上伍秋月留下來陪王鼎，到天明才離去。

有一天晚上，月色皎潔，他們在院子裡散步，王鼎問她說：「陰間也有城鎮嗎？」

伍秋月說：

「有的，就像陽間一樣，但是不在這裡，大約離這裡三、四里路的地方。」

「活人看得見嗎？」

「可以。」

「帶我去看看好嗎？」

「好的。」

於是兩人就踏著月光前往，王鼎走得有一點吃力，伍秋月卻是用飄著前進，一點也不費力的樣子。

「就是這裡了。」伍秋月停下來對王鼎說。

王鼎東張西望說：「咦，我怎麼什麼也沒看到？」

伍秋月用口水抹在王鼎的雙眼說：

「這樣你就看得見了。」

王鼎覺得周圍的光線突然變亮了，就像是白天，什麼東西都能夠看得清清楚楚。王鼎這時才看見路上有許多行人在走動，後來，王鼎看見鬼差綁著一個人準備進城。

「那不是哥哥嗎？」王鼎急忙跑去說：「哥哥，你怎麼會來這裡，難道你死了嗎？」哥哥看見了王鼎卻沒有高興，愁眉苦臉地說：「我也不知道，莫名其妙就被他們給捉來了。」王鼎聽了非常生氣，認為鬼差一定是抓錯人了，請求他們放了哥哥。鬼差說：「對不起，公事公辦。」

哥哥說：「弟弟，沒有用的，他們也是奉命行事而已，你回家之後，趕快幫我多燒點紙錢，這裡沒有錢就會多受些苦，所以請你幫忙了。」

強壯的王鼎不死心，憤怒之餘，抽出腰上的短刀，將其中一位鬼差的頭砍了下來。另一位還來不及求救，也死在王鼎的刀下了，王鼎立刻切斷哥哥身上的繩子，伍秋月擔心地說：

「你闖下大禍了，殺了鬼差罪可不輕，你趕快逃吧！再不走就來不及了，你立刻

坐船回去，千萬不要將家中的招魂旗拿下，然後關好門窗，不要讓人出入，過了七天就沒事了。事不宜遲，快走吧！」

王鼎扶著哥哥，一路逃回家，回到家門口，看到有前來祭拜哥哥的客人，於是王鼎請客人先回去，然後門窗全都關好，回頭一看，哥哥卻不見了！王鼎立刻跑到房間裡，只見死去的哥哥已經醒來，直喊著：

「餓死我了，我要吃東西。」

王鼎的家人看到這一幕，嚇得不知道該高興還是該害怕，後來，王鼎向家人解釋清楚，大家才安穩下來，過了七天，王家的大門才再度打開，然後折下招魂旗，鄰居也陸續知道王鼎哥哥復活的事，紛紛跑來詢問事情的原委，王鼎就隨便應付他們說：

「我們也不清楚，我哥哥突然迴光返照又活了過來。」

這時，王鼎想起了伍秋月，於是動身前往之前所住的客棧，等了好幾天都不見伍秋月現身。有一天晚上，王鼎正要入睡，有一位女子進來，但卻不是伍秋月，女子說：

「秋月託我帶口信過來給你，前陣子因為兩位鬼差被殺，兇手逃走了，於是，秋月被關進了大牢，受了不少苦，她希望你想想辦法救她出來。」

王鼎聽了，立刻隨這名女子前往，女子帶王鼎來到伍秋月被關的地方。王鼎偷偷溜進去，看到獄卒正在調戲秋月，原本就身強體壯的王鼎，看見自己心愛的人受到欺負，不由得怒火中燒，立刻衝上前去搭救秋月，獄卒還來不及反應就死在刀下了，王鼎拉著秋月的手說：

「娘子，你沒事吧？快跟我走。」

回到客棧，王鼎突然驚醒過來，原本以爲是在作夢，看見了秋月才確定是眞的。王鼎說：「現在該怎麼辦？」

「這都是劫數，原本我月底就可以復活了，現在地府出了事情，必須想別的辦法了。請相公趕快去將我的遺體挖出來，然後帶我回你家裡，放在你的床上，每天不斷叫我的名字，過了三天，我自然會復活。還有，父親生前教給我一種道符，就是要給我們夫妻用的，原來父親早就算出了這次的劫數。」秋月說完，拿出紙筆畫了兩道符說：

「一道你隨身帶著，可以逃過鬼差的耳目，一道貼在我的身上。」

王鼎緊緊跟隨在後，來到秋月下葬的地方，掘出秋月的遺體，遺體絲毫沒有腐爛，除了臉色蒼白之外並沒有其他異狀。王鼎抱著秋月的遺體，然後用客棧的棉被裹著，雇了船，連夜趕路回到了自己家中。王鼎的家人雖然見他行爲怪異，但卻也不多問，就任由他去。王鼎將秋月安置在自己的床上，不斷地喊著秋月的名字，連睡覺說夢話也是如此。過了三天，到了第四天早上，王鼎聽見耳邊有聲音：「相公，相公，該起床了。」王鼎揉揉眼睛一看，秋月已經活過來了！「娘子，你能復活眞是太好了！」王鼎高興得抱著秋月不肯鬆手。

秋月說：「好了，我該去拜見你的雙親和家人，不要讓人家說我這做媳婦的不知禮數。」

於是兩人整理好儀容，牽著手走出房間，秋月雖然恢復生命，奇怪的是，他走路還是那樣毫不費力的樣子。

秋月見過了王鼎的家人，不久兩人舉行了婚禮，她正式成了王家的一分子，而王家對這位身世奇特的媳婦也不嫌棄。

秋月做起家事來不但輕鬆，而且無從挑剔，一家人就這樣愉快的生活在一起了。

第10單元　雨錢

從前，有一位秀才，有一天他在家中讀書，忽然聽到敲門的聲音。「叩！叩！叩！」

「誰啊？」秀才問。

對方沒有回答，秀才開了門，門外站著一位老人，頭髮和鬍鬚都全白了，但氣色紅潤，身體看起來還相當硬朗。

「請問您有什麼事嗎？」

「我姓胡，聽說秀才人品不凡、才高八斗，所以我特地來拜訪您。」

「請進，請進。」

秀才也是一位喜好結交朋友的人，所以，對於前來造訪的人自然會熱心招待。兩人坐下之後，老人說：

「不瞞您說，我本名叫做胡養眞，是一位狐仙，久聞秀才大名，所以想來和您做個朋友，希望您別見怪。」

秀才的觀念倒是相當開通，並不覺得排斥，就說：

「您別這麼說，承蒙您的抬愛，我高興都來不及了，又怎麼會嫌棄您呢？您別多心了。」

兩人開始討論學問，彼此交換心得，從古到今、天文地理、詩詞文學，無所不談，兩人都有獨特的見解，聊得相當愉快，十分精采。狐仙欣賞秀才的年輕有為，認為他年紀輕輕就能有深厚的學問底子，真是不容易。秀才也非常佩服狐仙高深理論的內在涵養。由於兩人相當投緣，一見如故，所以，狐仙就成了秀才家中的常客，兩人的交情也愈來愈好。

有一天，聊得正愉快的時候，秀才說：

「既然您懂得仙術，何不露兩手，讓在下開開眼界。」

狐仙說：

「我會的法術只不過是小把戲而已，不登大雅之堂。」

「沒關係啦！您就別謙虛了。」狐仙拗不過秀才，答應了他的請求。

「好吧！那你想要我變什麼呢？」

秀才靈機一動說：

「您也知道我家境不太好，雖然是個秀才卻沒能賺到很多錢，頂多求個溫飽罷了。您就幫我變些錢來，改善我的生活吧！」

狐仙聽了面有難色，甚至有點失望，堂堂一位秀才為何如此貪財，但是狐仙還是勉為其難地答應了。

狐仙說：

「你拿一些錢當母錢，我就能幫你變出更多的錢。」秀才聽了高興得不得了，哪顧得了身為秀才原有的溫文儒雅的形象，興奮地在房裡東翻西找，湊了十個銅錢交給狐仙。狐仙在房間內繞了一圈，步伐有點奇怪，又唸了一些秀才聽不懂的咒語。然後，狐仙將手上的十個銅板向上一丟，結果，銅板竟然如雨般地落下。秀才看得眼睛眨都不眨一下，就算是被掉下的銅錢打到也不覺得痛，只是一直笑。

沒有多久的時間，屋內的銅錢已經淹到兩人的膝蓋了。

狐仙說：「我們先到外面等，被錢砸到也是難受。」

於是兩人走到了屋外，過了一會兒，狐仙問秀才說：

「這樣夠用了嗎？」

「夠了，夠了。」

狐仙雙手拍了一下，屋内銅錢落下的聲音才停止，這時候，秀才立刻推開門，以爲有滿屋子的錢可以讓自己變成富翁，沒想到一進房子裡，只見到原先的十個銅錢躺在地上而已。秀才不僅失望，簡直就是生氣。跑出去對狐仙說：

「你這是什麼意思？變出來的錢怎麼又不見了？」

狐仙說：

「我來找你只是想和你討論學問，原以為你是一位清高的讀書人。沒想到卻如此庸俗，根本和一般人沒有什麼不一樣，我對你太失望了。」

秀才被狐仙這麼一說，開始感到慚愧，想要道歉，可是狐仙已經消失，再也沒有出現過了。

第11單元 白鴿

山東省鄒平縣，有個叫做張功量的人，平常非常喜歡養鴿子。他養的鴿子種類很多，而且也經常四處去找尋珍奇的鴿子，張功量希望在他有生之年，能夠收集到所有的鴿種。

張功量養鴿子很有一套，就像在照顧自己的孩子一樣，簡直是無微不至，鴿子雖然飛行能力很強，可是，一旦安靜下來，就會一直睡個不停，有時候還會睡到身體麻痺而死呢。

張功量為了避免發生這種情況而損失了愛鴿，於是，高價買了一隻品種特別的鴿子，這隻鴿子非常好動，體力比一般的鴿子都好，如果不好好看緊牠的話，牠就會沒命地一直跑，跑到沒力氣為止。張功量把這隻鴿子安排在鴿群中，就是為了要吵醒那些愛睡覺的鴿子，不讓牠們因為久睡而痲痺死亡。因為這隻鴿子夜晚常常不睡覺，所以，張功量幫牠取名叫「夜遊」。

有一天晚上，張功量坐在書房裡看書，忽然有一位身穿白衣服的少年自己開了門進來，張功量並不認得這個人，便問：

「請問閣下是誰？來我的房間做什麼？」張功量看這個人不像是壞人，雖然擅自進來，卻也不生氣，也不害怕。白衣少年說：

「我只是一位四處遊走的人，對於鴿子有粗淺的了解。聽說張公子是地方上養鴿的第一把交椅，所以特來拜訪，希望有幸能夠看看那些鴿子，請張公子成全。」

「沒問題，既然是同好，當然可以。」張功量爽快地帶白衣少年去看鴿子，白衣少年看到各式各樣品種稀奇，而且健康狀況都很好的鴿子，白衣少年笑著說：

「張公子果然名不虛傳，看到這些鴿子就知道您的鑑賞力，和養鴿技術眞是無人能比啊！」白衣少年接著又說：「小弟也有養鴿子，你要不要一起來看看？順便給小弟一點意見。」

張功量一聽有鴿子可看，當然義不容辭，就跟著少年走了。兩人走在路上，走著走著，愈走愈荒涼，張功量感覺有點怪怪的，心裡想：

「誰會住這裡啊？這麼荒涼的地方，似乎有點可怕。」

張功量不安的問：「還有多遠啊？」

白衣少年說：「就快到了。」

又走了一會兒，終於到了白衣少年的住所，兩人來到庭院，白衣少年學鴿子叫了幾聲，立刻有兩隻白鴿子振翅飛來，雖然樣子普通，卻似乎能懂得白衣少年的意思，停在白衣少年的手臂上。白衣少年揮一揮手，兩隻白鴿又飛走了。

張功量覺得很好玩，鴿子竟然會這麼聽話。白衣少年又叫了幾聲，又有兩隻鴿子飛了出來，一大一小，大隻的有像鴨子那麼大，小的卻只有拳頭般大小。這兩隻鴿子會跟著少年的手勢飛舞著，忽上忽下，一下子在他們頭頂上繞圈子，一下子又停在少年的肩膀上，十分逗趣。張功量看得都傻眼了，他從來就沒有看過這麼通人性的鴿子，所以，他大膽的對少年要求說：

「閣下可否割愛兩隻鴿子讓我養，我一定會好好的對待牠們。」

少年原本有點猶豫，但想想張公子也是一位愛鴿子的人，便答應說：

「好吧，我就把之前的兩隻白鴿送給你。」

少年叫了兩聲，兩隻鴿子就飛了出來，張功量高興地接過鴿子，但卻還不滿足，又想要其他的鴿子。白衣少年開始有點不高興，說：

「你這個人太貪心了，我原本還有其他的鴿子準備要給你欣賞，現在我不敢給你看了。」

「別這樣嘛，大家都是喜歡養鴿子的人，你就別拒人於千里之外嘛！」

正當兩人在相持不下的時候，剛好張功量聽到有人在喊他的名字，原來是家裡的僕人，發現他不在家就提著燈籠來找他。此時，白衣少年立刻變成了像隻雞一樣大的白鴿飛走了，房子也不見了，只有一座小墳墓和兩棵大樹而已。張功量和僕人愣在那裡，過了一會兒，兩人才回過神來，對於這樣的靈異事件感到吃驚，還好手上的兩隻白鴿還在，張功量就趕緊回家了，過了兩年，這兩隻白鴿生了三對小白鴿，親朋好友紛紛來向他要，他都捨不得割愛。

張功量父親的一位朋友，在當地做官，很有名望。有一天，他向張功量暗示想要兩隻鴿子，張功量並不想將鴿子送人，可是，長輩都已經開口了，又不好意思拒絕，而且，送給長輩的鴿子又不能太隨便，這樣會有失體面，所以，張功量只好把其中的一對小白鴿託人送去給這位長輩。過了幾天，張功量想知道這兩隻白鴿是否安好，於是，去見這位伯父。

「請問伯父，上次送您的白鴿還好嗎？有沒有給您添麻煩呢？」

沒想到，這位伯父不但連一句道謝的話也沒說，只是冷冷地回答：

「還好啦，肉還不錯。」

「什麼！難道您把牠們吃了？」

「對啊！」

張功量真是氣壞了，卻又不能對長輩發脾氣，更何況，伯父還當官呢，張功量耐住性子說：

「牠們可是珍貴的『鞑靼鴿』啊！」

「那又怎麼樣？味道也沒什麼不同嘛！」

張功量真是後悔，怎麼會把鴿子送給這麼沒品的人，當天夜裡，張功量夢到了白衣少年。白衣少年一臉不高興的責備他說：

「我是看在你對鴿子的細心和用心，才將白鴿送給你，沒想到，你卻將小鴿子隨便送人，犯下這麼大的錯誤，真是不可原諒！現在我再也不放心讓牠們住在你家了，我準備要帶牠們離開。」

第二天早上，籠子裡的白鴿果然都不見了，張功量心裡覺得不僅對不起白衣少年、對不起白鴿、更對不起自己。

「我連小白鴿都不能照顧好，又有什麼資格再養鴿子了呢？」

說完，就打開籠子讓所有的鴿子都飛走了，從此，他不再養鴿子，也不敢對別人說自己多麼會養鴿了。

第12單元　酒友

從前，有一位姓車的讀書人，他的家境並不好，但卻非常愛喝酒，每天都要喝些酒才能入睡，否則會睡不安穩。

有一天晚上，他半夜醒來，翻身的時候，感覺到身邊好像多了個東西，用手一摸，是一隻毛茸茸的動物，嚇得他趕緊起身，拿燈一照，原來是一隻狐狸，從牠滿身的酒味可以知道這隻狐狸也喝醉了。

車公子看看他的酒壺連一滴酒也沒有，心想大概是這隻狐狸喝掉了，車公子嘖嘖稱奇地說：

「狐狸也能喝酒，這倒有趣。看來牠應該會是一個喝酒的好夥伴。」

車公子不但不驚動牠，還替牠蓋好棉被讓牠繼續睡，而車公子就在一旁觀看這隻狐狸會有什麼舉動。

過了一會兒，狐狸在棉被裡伸了一個懶腰，準備起來，車公子笑著說：

「你睡飽了嗎？」說著就掀開棉被，狐狸竟然變成一位長得斯文模樣的讀書人，他站了起來，對車公子說：

「眞是打攪您了，謝謝！」

車公子說：

「哪裡的話，如果你不介意的話，以後我們就以酒會友吧！反正天還沒亮，我們繼續睡吧！」

兩人就回到床上繼續睡覺，車公子白天醒來，狐狸已經離開了，到了晚上，車公子又準備好酒，等狐狸再度光臨。

到了夜深人靜的時候，狐狸果然來了，兩人邊聊天邊喝酒，好不愉快。此後，狐狸就經常來找車公子喝酒聊天，狐狸的酒量很大，又很好相處，所以，兩人經常喝得很愉快。過了一段時間，有一天，兩人又在一起喝酒聊天，狐狸有點醉意說：

「常常來喝你的酒，有點不好意思，真不知道要如何來報答你。」

「我們有緣在此喝酒，何必客套，人家說『酒逢知己千杯少』，我高興都來不及了。」

「話是沒錯，可是你的家境也不富有，酒菜也是要花錢的。這樣好了，下次我來幫你弄點錢。」

隔天的晚上，狐狸又來報到，兩人又喝得非常盡興，狐狸要離開的時候，對車公子說：

「你往東南方走去，大約七里路的地方，在路邊會有一些銀兩，你可以去拿。」

到了早上，車公子按照狐狸的指示，果然得到了一些銀子，就買了好酒好菜，到了晚上，兩人喝得非常高興，狐狸說：

「你家的後院有一座地窖，挖開它可以得到一些錢。」

隔天，車公子照著狐狸的話去做，果然又有許多銀兩。他開心的說：「這下子夠買好幾天的酒菜了。」

過了幾天，狐狸又說：

「現在市面上蕎麥的價格很便宜，你可以先去買一些回來存放，過些時日會有用處的。」

車公子聽了牠的話，一口氣買了幾十麻袋的蕎麥，別人都感到奇怪，就問他說：

「傻瓜，你買這麼多蕎麥做什麼？錢太多嗎？」

車公子不慌不忙的說：「過些時候你們就會知道了。」

然後，也不顧別人的嘲笑，就回家了。

一個月之後，當地鬧旱災，稻米和其他重要的農作物都因爲缺水而乾死了，只能夠種一些蕎麥，大家聽說車公子有很多的蕎麥，於是紛紛向他購買。車公子也因這次的買賣，賺了不少錢，買下了兩百畝大的田地。

買了田地以後，狐狸叫他種什麼，他就種什麼，每一年都有很好的收成，不僅家境變好，還可以稱得上是一位富翁。當然，他們倆個人依然在一起喝酒，交情也愈來愈好。就這樣過了幾十年，直到車公子死去，狐狸才不再到車家，而從此消失了。

第13單元　竹青

有一個讀書人叫做魚容，籍貫湖南，家裡很貧窮。在他參加京城考試落榜之後想要回家鄉，卻沒有路費，想要向人乞討又不好意思。正當他餓得兩腿發軟時，來到了吳王廟想休息一下，順便向神明吐露心事，接著就在走廊躺下來休息，不久有一個人過來對魚容說：

「我帶你去見吳王，請跟我來。」

魚容已經沒有其他的辦法，就跟著那個人走了，兩人來到了吳王的面前，帶路的人跪著報告：「大王，黑衣隊還差一個士兵，可以讓他暫時遞補這個空缺。」

吳王說：「好吧！交給你去處理。」

魚容穿上黑衣服，身體馬上變成了烏鴉，三兩下飛上了天空。他看見天空有一大群烏鴉，就跟著牠們一起飛，飛到了船的上空，旅客們看見烏鴉，紛紛把食物拋向空中，烏鴉一轉彎就接住了食物，魚容也跟著做。不久，就塡飽了肚子，然後他又隨著烏鴉群飛回樹上睡覺。

魚容心裡想：

「這樣也不錯，至少不會餓肚子，而且也蠻自由的。」過了幾個月，吳王見他孤零零的，就選了一隻母烏鴉許配給牠。這隻母烏鴉叫做竹青，和魚容感情非常好，魚容常常對人沒有戒心，竹青就會時時提醒他：

「相公，你覓食的時候要多注意週遭的情況，不要只顧著吃，這樣會有生命危險的。」

「好啦，我知道了。」魚容都當作是耳邊風，並不放在心上。有一天，魚容跟著烏鴉群來到河邊船隻停泊的地方，在吃東西的時候，又是粗心大意，沒有注意到有一位士兵走到魚容的附近，只聽「咻！」的一聲，魚容胸膛正中了一箭，幸好竹青銜著他飛離了現場。

這時候，其他的同伴看到了非常生氣，一起拍動翅膀，掀起了大浪，將附近的船隻都打翻了，魚容受了重傷，隔天就死了。奇怪的是，這時候，魚容醒了過來，看

看自己的雙手才說：「原來是一場夢，害我嚇了一跳。」不僅魚容嚇了一跳，連當地居民也感到不解，因爲，原先居民發現魚容躺在廟前時，已經沒有呼吸，以爲他死了，可是，卻還有體溫，所以不敢動他，魚容醒來之後，居民才鬆了一口氣，問他原因。魚容就把他的遭遇說了出來，好心的居民湊足了錢讓魚容回家鄉去。

三年後，魚容又來到吳王廟，拜過了吳王，擺出食物請烏鴉下來吃，魚容想起之前做的夢，便對著烏鴉們說：

「如果竹青也在其中，請不要飛走。」

可是，烏鴉把食物吃完了之後就全部飛回天空，一隻也沒有留下來，魚容只能無奈地說：

「難道那真的是夢嗎？算了吧！」

然後搖頭嘆息走了，後來，魚容考中了舉人，經過吳王廟，就拿一隻羊去祭拜吳王，還擺了許多食物來招待烏鴉享用，魚容又說：

「竹青，竹青，你在這裡嗎？如果你在，請留下來。」

這次依然沒有結果。這一天晚上，魚容所搭乘的船停在洞庭湖邊的一個小村莊裡，魚容點了燈坐在桌前，忽然一個影子飛了進來停在地上，魚容仔細一看，是一位年紀大約二十歲的美麗姑娘，她說：「你近來好嗎？」

「姑娘妳是誰？我們見過面嗎？」

「我是竹青，難道你不記得我了嗎？」

「竹青，眞的是你，我可盼妳盼得好苦啊！」

魚容大喜，又說：「咦？妳是怎麼會在這裡的呢？」

竹青就說：

「我現在已經是漢江的女神，很少回家，回家的時候，聽以前的同伴說起你的事情，所以才特地來找你。」

兩人見面說了好多好多這幾年發生的事情，魚容希望竹青和他一起回南方的故鄉，可是，竹青也想說服魚容一起去西方的漢江，兩人都堅持自己的意見。到了深夜，兩人才上床睡覺。

隔天早上，魚容醒來，看見自己已經不是在原來的船上了，他驚訝地問竹青說：「這是什麼地方？」

竹青看他緊張的模樣有點滑稽，笑著說：「這裡是漢陽，也是你我的家，何必一定要回南方？」

過了一會兒，成群的丫鬟和僕人端來許多酒菜，夫妻倆開心的享用著食物，魚容說：「我的僕人他們呢？」

「他們還在船上，不必擔心。」

船上的人睡醒之後，驚覺船竟然到了漢陽這地方，感到不可思議，僕人四處打聽魚容的消息也一無所獲，船家想將船開走，繫船的繩纜又解不開，船上全部的人只好在原地乾等。兩個月之後，魚容開始想家，就對竹青說：

「和你在一起雖然很愉快，可是，我們是夫妻，你卻沒進過家門，這樣好像說不過去吧！」

竹青說：

「你家中已經有一位妻子，就算我肯跟你回家去，我們之間該有什麼名義呢？你就常來這裡住，不是很好嗎？」

魚容面有難色說：

「可是，家鄉離這裡太遠，我沒辦法兩地往返啊！」

竹青想到了一個辦法，她拿出一件黑衣服說：

「這是你以前留下的舊衣裳，你回到家之後如果想我，就穿上這件衣服，馬上就可以到這裏了。」

竹青擺上酒席，爲魚容餞行。魚容喝醉了之後就呼呼大睡，醒來的時候，已經回到了自己的船上。船上的船夫、僕人一個也沒少，身旁卻多了一個包袱。打開一看，裡面是竹青爲他準備的衣物。到了南方，魚容給了船家很多錢，當作補償他這些日子租船的費用。

魚容在家待了幾個月，他想念竹青，就偷偷穿起包袱內的衣裳，不一會兒，雙手變成了翅膀，身體變成了烏鴉，然後輕盈的飛向天空，兩個小時就到了漢江，來到竹青的住處，竹青高興地說：「相公，你終於來了。」然後吩咐手下，替魚容脫下衣服，魚容這時感覺就像是脫掉了一件羽毛大衣，又恢復了正常的人形。從此以後，魚容就常常這樣兩地往返，直到魚容南方的妻子去世之後，才在漢江定居了下來。

第14單元　兩兄弟

從前，在山東省莒縣這個地方，有一個姓商的人家，哥哥很有錢，可是弟弟卻是窮光蛋。

商家分爲兩間，兄弟住的地方只有一牆之隔而已。康熙年間，有一年收成不理想，原本就貧窮的弟弟，遇到了這種情況，三餐都成了問題。有一天中午，弟弟家中已經沒有東西可吃，眼看就要餓肚子了，他的妻子就說：

「不如去向哥哥請求幫忙吧！」

「沒有用的啦，哥哥如果肯幫忙的話，我們也不會落到這種田地啊！」

弟弟似乎不奢求小氣的哥哥會幫忙，最後實在沒有辦法，只好依妻子的意思，叫兒子去傳話。兒子回來說：

「伯父好像在猶豫，伯母就說：『兄弟既然已經分家了，就個人管個人的，我們家哪有餘力去照顧他們呢？』」

弟弟沒辦法，只好將家中的東西拿去換一些食物回來充飢。後來，地方上的地痞流氓看準了哥哥家裡有錢，深夜跑進哥哥家中，威脅他們夫妻交出財物，夫妻兩人大聲喊

救命，可是因爲他們平常爲人尖酸刻薄，人緣很不好，鄰居雖然聽見了卻不肯出來幫忙，

二商聽見哥哥喊救命，隨手抓了一隻棍子，準備出門，妻子卻攔住二商，故意向窗外大聲說：

「兄弟都已經分了家，誰還能照顧誰呢？」

這時，大商夫妻倆被壞人拖到門外，用火燙他們，叫聲悽慘。二商說：

「大哥再怎樣無情，總還是我的哥哥，我怎麼能坐視不管呢？」

二商衝出門，擊退了壞人，扶他們回家休息。

「大哥，你們先休息，有事情再叫我，我先回家了。」

哥哥這下似乎覺得有點對不起弟弟，就對妻子說：

「幸虧有弟弟出面相救，否則，後果眞是不堪設想，我們應該分些家產幫助弟弟才是。」

妻子卻說：

「說這什麼話，我們已經夠倒楣了，又損失了一些財物，哪有多餘的錢幫他們啊！」

怕老婆的大商，聽妻子這麼說，也就不敢說話了。

第二天，二商家中又沒有東西吃了，原本以爲哥哥經過了昨天的事情之後，會送一些東西來答謝，沒想到，左等右等，就是不見哥哥上門，更別說送食物了。二商的妻子實在忍不住了，就叫兒子拿了一個麻袋到大商家借一些米回來。出乎意料的，兒子只帶回來一斗米而已。

過了兩個月，二商家實在過不下去了。

「我看，不如把房子賣給大哥，大哥應該不會狠心接受地契，而另外借我們一點錢也說不定呢！」二商說。

「這倒可以試試看。」妻子也同意這個做法，二商將地契交給兒子，讓他帶到隔壁哥哥家中代為傳話。大商接過地契就對妻子說：

「二商終歸是我的弟弟，他搬走了，我們也會寂寞的，還是把地契還他，給他一些錢好了。」

妻子說：「不行！你弟弟只是要拿地契假裝博取你的同情而已，我們就乾脆藉著這個機會，把你弟弟的房子買來，這樣房子也會大些。」

於是，哥哥拿了地契，給了弟弟一些錢，二商全家第二天就搬走了。

過了幾天，那些流氓聽到了二商搬家的消息，又重新返回大商家搶劫。這次沒有二商的幫忙，所以家中所有的財產都被洗劫一空，留下空蕩蕩的房子。二商知道了這件事，立刻前來安慰。哥哥受了重傷，不久就死了。

二商一狀告到衙門，可是那些壞人早就逃之夭夭，根本不知去向，所以，衙門的人也沒辦法。

大商的兒子也就是二商的姪子，現年才五歲，見家中沒有東西吃，所以，常到二商家住，二商要送他回去，他就是不肯，二商的老婆想到以前大哥和大嫂的爲人，心中不平衡，常常對五歲的姪子不理不睬。二商就說：

「大人之間的過節，和小孩子無關，小孩是無辜的。」

二商的妻子想想也對，就不再把氣出在姪子的身上。

過了幾天，二商哄著姪子回家去，又送他們一些食物，往後二商常常接濟大嫂，而不讓老婆知道。

過了幾年，大嫂窮得只好賣了房子，生活才能維持下去，二商這時才停止對大嫂的幫助。後來有一年，又鬧了飢荒，路上隨處可見餓死的人，大家的生活都好不到哪裡去，有一天晚上，大商出現在二商的夢裡：

「弟弟，大哥真是對不起你，聽信你嫂嫂的話，破壞了我們兄弟的感情，大哥對你只有愧疚。我們以前所住的舊房子後院有我自己藏的許多銀子，你去挖出來用，應該可以幫你度過往後的日子。」

第二天，二商向現在的屋主租下了以前的舊房子，然後花了幾天的時間挖出了所有的銀兩，做了生意。

嫂嫂死了之後，二商好心撫養姪子，姪子天生聰穎，學事情非常快，又善解人意，二商的妻子和兒子也都視他爲家中的一分子。

在一家人努力之下，商家漸漸地富有起來，不再窮困。

第15單元　神仙島

陽日旦，是個讀書人，住在海南島這個地方，有一次，他坐船從別的地方要回海南島，在海上卻遇到暴風雨。船身搖晃得非常厲害，而且又進了水，眼看就快要翻船了，還好陽日旦眼尖看到旁邊飄來一艘小船，一個箭步跳了過去，才一會兒的功夫，他原來搭的船就沉入海中了，船上的人也全部淹死了。風浪愈來愈大，陽日旦疲憊的躺在船上，昏沉沉地隨波漂流，當他再度睜開眼睛的時候，向四周一望，瞧見遠遠的地方有一座島嶼，島上好像有一些房子，所以推測應該有人居住，心裡想：「這下有救了」，於是，奮力划向岸邊，下了船，走到村子，走著走著，陽曰旦正感到奇怪：

「怎麼整個村子都靜悄悄的沒有人呢？」

陽曰旦這時看見一間大房子，大門敞開著，向門內一望，看見庭院種了許多不知名的花，非常美麗。陽曰旦看得入迷，慢慢走了進去，忽然，耳邊傳來琴聲。房子裡走出一位丫鬟，她一見陽曰旦，立刻轉身回去，然後，又走出來一位少年，好奇地問他：

「請問你從何處而來呢？」

陽日旦就將遇到暴風雨的事情告訴了少年，少年又繼續問了一些問題，陽日旦也一一回答，少年知道了陽日旦的來歷之後，高興地說：

「眞是想不到，我們竟然還是親戚呢！請裡面坐。」

兩人走過院子，琴聲又再度傳來，進了屋子，看見一位大約才十八九歲的年輕婦人，雙手撥弄著琴弦。婦人看見有外人，想要迴避，少年就攔住她說：

「不用怕，這位公子是家裡的親戚。」

少年順便介紹陽曰旦的家世，婦人說：

「這麼說來，你是我的姪子囉！」

婦人露出了喜悅的表情，又問：

「那麼家中的祖母還好嗎？父母年紀多大了呢？」

陽曰旦說：

「祖母已經六十歲，爸媽都是四十幾歲，祖母生病很久了，一直沒有康復，連行動都不方便。對了，請問姑媽是哪邊親戚的長輩，我好回去向家人回報。」

少婦說：

「你回去之後跟你父親說，十姑媽向他問好，他就知道了。」

陽曰旦接著問：

「請問姑丈貴姓呢？」

「我姓晏，這裡是神仙島，離你海南的家有三千里遠，我們也是才來這裡不久。」

少婦說：

「我想你肚子也餓了吧，先吃點東西。」

隨後丫鬟端出了幾樣酒菜，

美味可口。陽曰旦餓壞了，盤子一下子就見底了，陽曰旦酒足飯飽之後，姑丈陪他到花園散步。

陽曰旦好奇地問：

「爲什麼這裡的花都能盛開，好像不會凋謝一樣？」

姑丈說：

「因爲這裡溫度適中，非常適合植物生長，所以不必照顧都能夠長得很好。」

陽曰旦說：

「這裡眞是名不虛傳，就像是神仙住的地方，如果把爹娘和祖母接過來住的話，他們一定會很高興的。」

姑丈只是笑了笑，沒有答話。回到書房，陽曰旦請求姑丈彈琴，這時姑媽正好進來，姑丈說：

「妳來得正好，彈首曲子給賢姪聽聽吧！我可沒你彈得好呢！」

十姑媽坐在琴前，問：

「姪兒要聽什麼曲子呢？」

「我也不知道，我從來沒接觸過琴譜。」

十姑媽說：

「那你隨便出一個題目吧！」

「好，以船隨著風行走為題可以嗎？」

「可以。」

十姑媽說完，撥弄琴弦，旋律就在指尖流露出來，陽曰旦聽得入神，彷彿置身在船上，隨著琴聲搖擺旋律。結束時，陽曰旦興奮地問：「眞是太好聽了，我可以學嗎？」

十姑媽說：「當然可以囉。」

陽曰旦接過琴說：

「剛才十姑媽所彈奏的曲子，要多久才能學會？」

十姑媽說：「我是隨意彈的，沒有譜。」

陽曰旦試著彈幾個音，熟悉一下各種琴音，教了一個小時之後，陽曰旦決定自己先練習，夫婦才離開房間。陽曰旦學得很專心，一直到半夜四點鐘才肯休息睡覺。

第二天早上，姑媽、姑丈來看他，問說：

「姪兒，昨晚學得如何呢？」

「我彈給您們兩位聽。」陽曰旦隨手撥弦，姑媽說：

「嗯！雖然還不成熟，但是已經有八分味道了，看來你很有天分喔！再多加練習的話，一定能全然掌握琴韻。」

後來，姑媽又教了他幾首其他的曲子，陽曰旦用心學了三天，也小有成績。姑丈聽了陽曰旦彈的琴聲說：

「旋律你已經大多可以掌握了，你只要學會了之前所教給你的曲子，其他的曲子就都可以駕輕就熟的。」

過了一些時日，陽日旦開始想家，便對他們說：

「姪兒在這裡也有一段時間了，雖然很愉快，可是怕家人擔心，所以我想是該回家了。」

「也好，當初你乘的船，修修補補應該還可以用。」

陽日旦臨走前，姑媽交給他一包藥和一把琴，說：

「這包藥回去給祖母服下，她的病不僅很快就會好，而且還能延年益壽。這把琴你可要好好利用，不要荒廢了琴藝。」

「謝謝姑媽、姑丈。」

陽曰旦上了船，問說：

「海這麼大，我該向哪個方向走呢？」

姑丈說：

「別擔心，只要順著風就可以到海南島的家了。」

揮手道別了姑媽、姑丈，船被風吹著愈走愈遠。到了黃昏，陽曰旦打開姑媽準備的食物，裡面只有十個巴掌大的餅，陽曰旦心裡犯嘀咕：

「姑媽怎麼這麼小氣，三千里的路程，只為我準備十個餅而已，真是的，我一天就吃完了。」

陽曰旦只吃了一個餅充飢，怕以後不夠吃。到了晚上，天色暗了下來，他看見遠方有燈光，於是，向燈光划過去，不久，就確定是岸邊住家的燈火。陽約旦上了岸，才發現他已經回到了海南島。他一路都沒有休息的回到了家，家人見到他都嚇了一跳。後來，才知道原來他已經十六年沒有回家了，祖母的身體愈來愈差，於是，陽曰旦將藥給祖母服下，說也奇怪，祖母吃了藥，病一下子就好了，和一般健康的人沒有兩樣。父親問：「這段期間你跑去哪裡了呢？我們都以為你已經死了，還有，這包藥是怎麼回事？跟仙丹一樣有效。」

陽曰旦就把遇到船難和姑丈、姑媽的事情說了一遍，祖母聽完哭著說：「她的確是你的十姑媽沒錯。」可是，祖母卻不願再多說些什麼，陽曰旦也不忍心再追問下去。

只能確定的是：姑丈、姑媽是神仙，才會有這些奇怪的事情發生。後來，陽曰旦繼續學習琴藝，成爲當時有名的琴師。

第16單元 雷官

樂雲鶴和夏平子，兩個人從小就是同鄉，一起長大，感情非常好。

夏平子從小就聰明過人，十多歲的時候就已經是當地家喻戶曉的人物，所以，樂雲鶴也以他做榜樣，兩人常常一起討論功課，所以樂雲鶴的學問和文筆也漸漸有所進步。

可是，樂雲鶴幾次參加考試都落榜，有點心灰意冷。過沒多久，夏平子生了重病死了，卻窮得沒有錢下葬。樂雲鶴籌了錢，為他打點了一切下葬大大小小的事情。夏平子留下了妻子和一位年紀還很小的兒子，幸好，樂雲鶴經常接濟和照顧他們，母子倆的生活才能勉強維持下去。

左鄰右舍看到樂雲鶴這種樂於助人的行為，對他都讚賞有加。其實，樂雲鶴的生活原本也不是很闊綽，又加上要負擔夏家母子的家計，於是，他的經濟能力也一天比一天差了。

有一天，樂雲鶴感嘆地說：

「連夏平子這樣有才華的人，竟然也因爲錢的因素而沒沒無聞的死去，眞是可惜。如果要富貴的話，就必須趁著現在還年輕的時候努力才行，否則，到了年老，家無恆產，恐怕死的時候比畜生都還不如，我也該爲將來好好打算打算了。」

於是，樂雲鶴放棄求學，改做商人，學習買賣，半年之後，家境漸漸好轉，小有積蓄。

有一次，樂雲鶴出門做生意，來到金陵這個地方。有一天，他正在客棧中吃飯，這時有一個身材高大，但略爲消瘦，氣色也不是很好的人走進來，樂雲鶴站起來好心問他

：

「這位兄台，如果你不介意的話，可以和小弟同坐，一起吃點東西。」

那個人不說話，就坐了下來，樂雲鶴請他吃東西，才一下子，桌上的食物就清潔溜溜了。樂雲鶴又點了兩人分的食物，照樣一掃而光，後來那個人又吃了一堆大餅、酒菜才停止。樂雲鶴見識到這個人的食量可真是大開眼界，一餐的食量大概是平常人半個月的伙食，那個人摸摸肚子，喝了一杯茶，說：

「爽！三年以來，從來沒有像今天這樣吃得這麼飽。」

樂雲鶴好奇地問：

「看您身強體壯的，怎麼會淪落到這種地步呢？」

「我是因爲犯了天條（天庭的規矩）受到處罰……。」

那人講到一半，停頓了一下，又說：

「算了，這是天機，不能隨便講。」

樂雲鶴又問：「你住在哪裡呢？」

「居無定所，四處爲家。」

樂雲鶴不好意思問人家太多問題，以免造成對方的不便，於是他結了帳準備離開，並禮貌地對這個人說：

「今天大家萍水相逢，如果有緣，他日再聚，告辭。」樂雲鶴走出客棧，那個人卻一直跟在他的後面，還說：「你將有大禍臨頭，看你為人正直，樂善好施，實在不忍心看你遭到厄運，況且，你對我還有一飯之恩呢！所以才跟著你。」

樂雲鶴覺得奇怪，丈二金剛摸不著頭緒，不懂他為何會這麼說，反正，這個人很奇特，況且有人同行，路上也有個照應，兩人就一面聊天一面趕路，到了晚上吃飯的時間，樂雲鶴問：

「晚上想吃點什麼？我請你。」

那個人回答：

「不了，好意心領，我一年只吃幾頓就夠了。」樂雲鶴聽了又是一陣驚訝，心想這個人究竟是何等人物呢？

第二天，兩人一起坐船渡江，突然一陣巨風吹來，吹翻了江面上所有載貨物的商船。樂雲鶴和那位朋友也落水了，風停了之後，那個人背著樂雲鶴游到另一艘船上，安置好之後，又跳入水中，將樂雲鶴買賣用的貨物搬上船，一樣也沒少。樂雲鶴有氣無力地說：

「眞是謝謝你，不僅救了我，還把我的東西都找回來，如果沒有這批貨的話，我這個月就要喝西北風了。」

那個人將船划到岸邊，認爲一飯之恩已經報完，準備離去，樂雲鶴卻說：

「朋友，先別走，你救了我一命，我還沒報答，反正你也沒有固定的住所，如果你肯賞光的話，先暫時住在我家再做打算吧！希望你

成全小弟的心願。」

那個人見樂雲鶴很有誠意，就答應了他的請求，回到家之後，就和樂雲鶴的家人一起生活。那個人十幾天才吃一頓飯，而且每次都吃很多。過了很久，那個人又說要走了，樂雲鶴捨不得他，希望他留下來，那個人卻非常堅持：

「您的好意我心領了，感謝你這些日子以來的照顧。」

這時，天上烏雲密佈，雷聲隆隆，天空一片黑壓壓的，眼看就要下大雨，樂雲鶴故意轉移話題說：

「雲層裡面也不知道長什麼樣子，又怎麼會有雷聲和閃電呢？眞想到天上去看看究竟是怎麼一回事。」

「你眞的想到天上去看看嗎？」

「那當然，如果有機會，誰不想去看看呢？」

「那走吧！」

那個人施了法術，樂雲鶴感覺到一陣昏眩就睡著了，醒來的時候說：「發生什麼事了？」

那個人說：「我們現在已經在雲層裡了。」

樂雲鶴才發覺身體好像躺在棉花堆上一樣，非常柔軟。他急忙站起來，有一點站不穩，彷彿在坐船。抬頭一看，周圍都是星星，佈滿了整個天空，似乎伸手就可以觸摸到的樣子。

樂雲鶴就像是小孩子一樣，東撥撥西弄弄，星星就慢慢地移動旋轉，好不美麗。星星大小不同，卻都很美麗，樂雲鶴摘了一顆小的星星放進袖子裡，想要帶回家。

樂雲鶴撥開腳下的雲，看見房子都變得像米粒一樣渺小。這時，他看見兩條龍拉著一輛華麗的車子，上面有一個大水缸，裝滿了水，周圍跟著幾十個人，在幫忙灑水，這群人見到樂雲鶴都感到驚奇，那個人才出面說：

「各位不用擔心，這是我朋友。」

於是，樂雲鶴也加入了他們，幫忙灑水，灑完了水，那個人走到樂雲鶴的身旁說：

「其實，我是掌管天上下雨的雷官，有一次因爲下錯了雨量，而被罰到人間生活三年，現在期限到了，我必須要返回天庭，所以，我們要分開了。」

樂雲鶴終於知道了朋友的身份，感到很驚訝，可是，即將要分開，又覺得有些遺憾。但是，這也勉強不來呀！一個是人，一個是神，本來就生活在不同的地方。雷官拿了一條繩子，叫他沿著繩子爬到地面，不一會兒，樂雲鶴回到了地面，繩子慢慢地收回天上，樂雲鶴回到家摸摸袖子裡的星星還在，擺在桌上閃閃發亮，亮光照著整個屋子。每次有客人來的時候，他都會擺出來讓人參觀，看過的人都無不嘖嘖稱奇。

有一天，樂雲鶴的妻子坐在桌前，星星突然跑進了她的嘴裡，她很緊張，但又發不出聲音，星星就直接跑進了肚子裡，她立刻跑去說給樂雲鶴聽，兩人也想不出原因。當天晚上樂雲鶴睡覺的時候，夏平之這位以前死去的朋友在他的夢境出現：

「雲鶴兄，我死了之後，化作天上的少微星，恰巧被你帶到人間，才讓我有機會報答你照顧我家人的恩情，現在我將成為你的兒子，希望你不嫌棄。」

樂雲鶴和妻子早就想要生個孩子，可是一直沒有動靜，夫妻倆也爲此傷透腦筋。過了一段時間，妻子開始有了懷孕的跡象，十個月之後，她即將臨盆的時候，整個屋子都亮了起來，好像點了一百盞燈一樣。

後來兒子誕生了，聰穎過人，十六歲就考取了進士，相當受到地方上的尊敬。

第17單元　汪士秀

從前，在安徽省盧洲，有個人叫汪士秀，天生神力、性情剛烈、為人豪爽，能夠舉起巨大的石頭而面不改色。汪士秀和父親在踢球方面都有過人的技巧，汪士秀的父親在四十五歲的那一年，坐船經過錢塘江的時候，不小心落水死了。事情經過了八、九年，有一天，汪士秀要到湖南辦事情，他所坐的船停泊在洞庭湖。

那天晚上，正好月圓，月光照在湖面上，湖面上泛著銀光，放眼望去彷彿是另一個世界一般，月亮像個大銀盤懸在空中，和湖水相映成趣，旅客見到如此美景都到湖邊欣賞，汪士秀也不例外。他獨自一個人在湖邊散步，這時，卻看到湖裡走出五個人，帶著許多草蓆，他們先將草蓆平鋪在湖面上，然後在草蓆上擺酒菜。其中三個人坐下喝酒，其他兩個人站著服侍他們。

坐著的三個人當中，一個穿著黃顏色的衣服，兩個穿白色衣服，服侍他們的人都穿著褐色的服裝，其中一位身材矮小，像是小孩，另一位有點駝背，應該是一位老人。雖然月光明亮，可是，仍然沒辦法看清楚他們的長相。黃衣人說：

「今天的夜色不錯，可以暢快地多喝兩杯。」

說完，坐著的三個人，舉起酒杯互相敬酒，白衣人說：

「今晚的夜色，就像是南海龍王在梨花島請客一樣。」

三個人你一句，我一句，一面喝酒，一面聊天。吃驚的汪士秀，偷偷躲在岸邊的樹叢後面不敢出聲，連呼吸都小心翼翼，怕被他們發現。

汪士秀看著老人的身影感覺有點像父親，可是，又看不清楚，而無法確定。大約到了半夜兩點，白衣人說：

「乾脆我們趁著月色通明，踢一場球，如何？」於是，小孩立刻跳入湖中，拿了一個圓形的球上來。老人奉命一起踢球，他腿一揚，球飛得很高，球在空中閃閃發亮，最後竟然落到了汪士秀的身旁。汪士秀一時技癢，拿起球一踢，用力過猛，球被踢破了，球中散出許多小銀珠，最後落入湖裡。黃衣人生氣地說：

「是誰？竟敢破壞我們的興致，活得不耐煩了嗎？」

老人看這流星踢法覺得眼熟，暗自在高興。

黃衣人說：「老奴才，還不快去把那個人給我抓來！」

老人和小孩走近汪士秀。汪士秀一眼就看出老人是自己已經死去的父親，趕緊握住老人的手，說：

「爹，是我啊！您還認得孩兒嗎？」

老人認出了汪士秀，跟著熱淚盈眶，小孩不想打擾他們，轉頭離去。老人說：

「孩子，你趕快走吧，不然的話我們都要倒大楣了。」

話才說完，喝酒的三個人已經出現在他們身後了。三個人想要帶走父子倆，汪士秀立刻抽出腰上的短刀，朝黃衣人身上一砍，黃衣人的手臂血淋淋的掉了下來。白衣人生氣地衝了過來，汪士秀一個閃身迴轉，劈下了白衣人的頭顱，汪士秀拉著驚嚇的父親往船上跑，想帶著父親逃跑。

湖面上突然冒著洶湧的水泡，一張巨大的魚嘴，破水而出。一時湖面波濤洶湧，所有停泊的船都劇烈搖晃起來。船上的人不明白發生了什麼事只想逃命。

汪士秀扛起船上的大石鼓丟進大魚嘴裡，怪物才沉入水中，湖面終於恢復平靜。汪士秀回過頭問父親：

「爹，您不是已經死了嗎？怎麼會在這裡呢？」

老人說：

「我沒有溺死，那次和我一起溺水的十九個人都被錢塘江的魚精吃了。還好，他們看我會踢球，沒有殺我，就是要我陪他們踢球。後來魚精們得罪了水神，所以，就逃到洞庭湖避風頭。沒想到，你踢破了他們珍藏的魚鰾，觸犯了他們，我們才有機會再見面。還好你救了我，不然的話，我還不知道要侍奉他們到什麼時候呢！」

父子倆趁著天還沒亮坐船離開。到了白天，發現船上有一片大魚翅，足足有四五尺長，就是黃衣人的那隻手臂了。

第18單元　鳥語

從前，在河南省有一位窮道士，常常在街道挨家挨户化緣。

有一天，他又在路上化緣，聽見一户人家養的黃鶯叫聲急促，就跟主人說：

「你最近要小心火燭，不然會有危險。」

「你怎麼知道？」主人問：

「是你家的黃鶯說的。」道士回答。

「我看你是吃飽沒事幹，大白天的在這裡胡言亂語。」

主人不相信道士的話。

「不信就算了，到時候不要怪我沒跟你說。」

道士只好在眾人的笑聲中離去。第二天，這戶人家果然失火，還波及到鄰居。這時，大家才相信了道士，跑去找他說：「這位仙人，昨天的冒犯眞是得罪，希望您別見怪，往後還要請您多爲鄉里費心了。」

「我才不是神仙，我只是聽得懂鳥說話而已，沒什麼了不起啦！」這時，樹上剛好有一隻皂花雀在叫，大家就急忙問道士鳥在說些什麼。

「牠在說：『初六生他，初六也生他，到了十四，十六，死了。』」

「我猜想這戶人家應該生了一對雙胞胎，今天是初十，算一算，到今天已過了五、六天了，可能這對雙胞胎小命不保。」

打聽之下，這戶人家果然如同道士所說的情形一模一樣，前些日子剛生了一對雙胞胎嬰兒，但才過了五、六天就夭折了。

縣太爺聽說了道士的事情，覺得很好奇，於是就派人請道士來家中。這時，縣太爺家的水池正好有一群鴨子游來游去，縣太爺就問道士鴨子說了些什麼。道士回答說：「鴨子一直說：『算了吧！算了吧！隨她去！隨她去！』所以，我想您家中應該有人在吵架才對。」

「一點都沒錯，眞是厲害。」

縣太爺對道士的特殊才能眞是佩服得不得了，連家中的大小老婆吵架的事情也瞞不住人。於是，縣太爺將道士奉爲上賓，留他在縣府裡住一陣子。這段期間，道士常常傳達鳥所說的話，而且都完全應驗，讓眾人嘖嘖稱奇。

縣太爺是一位貪財的人，常常運用職務的關係收受回扣，還變賣公物換取金錢，成為自己的財產。有一天，那群鴨子又呱呱呱地叫個不停。縣太爺又問：

「請問這次牠們說了些什麼？」

道士回答：

「牠們說：『蠟燭的價錢是一百八，銀珠的價錢是一千八』，看來牠們在幫你算錢呢。」

縣太爺聽了很不好意思，以為道士在故意糗他。道士也知道這種事說出來不好，不過，話已出口，要假裝不知道已經不可能了，所以想要離開縣府，縣太爺卻不肯讓他走，道士也只好留下來。

又過了幾天，縣太爺生日，擺了幾桌酒席請朋友來家中吃飯。大家吃得正高興的時候，聽見窗外的杜鵑鳥高聲叫著，大家早就聽聞了道士懂鳥語的本事，就請道士當場翻譯，看看鳥會不會說出什麼吉祥的話。

心直口快的道士不經過思考就說：

「杜鵑鳥在說：『丟官去！丟官去！』」

大家聽了感到不對勁，立刻阻止他再說下去，免得得罪了縣太爺。可是縣太爺早已經在座位上吹鬍子瞪眼了，縣太爺生氣地說：

「你眞是太無禮了！竟然在我的生日宴會說這麼不吉利

的話，你立刻給我滾出去！」道士摸摸鼻子，走出大門。心裡想：

「也好，這下終於可以離開了，待在這裡也怪悶的，還是早一點離開的好。」

過了半個月，上級接到有人密報縣太爺貪污的事情，經過調查之後，證據齊全，而免去了縣太爺的官職。

第19單元　紅玉

從前，在河北省永年縣這個地方，住了一對秀才父子，父親馮翁，兒子叫做馮相如。馮翁的年紀已經快要六十歲，性情剛直，馮家的家境清寒，經常三餐不繼。再加上，「屋漏偏逢連夜雨」，幾年之內，相如的母親和妻子相繼死亡，所以，家中大大小小的事情都要父子倆親自動手處理。

有一天晚上，馮相如獨自在月光下唸書，卻看見牆邊站著一位少女，兩人四目對望了一下，少女害羞地躲開了，相如好意的請她進來坐，她也不動，相如只好親自走過去，請她進屋裡。相如問她：

「請問姑娘貴姓，叫什麼名字？」

「我叫紅玉，是你的鄰居。」

兩個人很投緣，一見如故，從此之後，兩人常常在晚上約會，持續了半年之久。

有一天，馮翁半夜醒來經過相如的房間，聽見有人說說笑笑，推門一看，發現了紅玉。馮翁破口大罵：

「相如，家中的日子已經這樣艱苦了，你還不好好唸書。你和這位女子名不正、言不順，如果這件事傳了出去，不是對你們兩個人的名聲都不好嗎？」

相如知道犯了錯，跪在父親面前悔過，父親還對紅玉說：

「姑娘應該注重自己的名節，如果你不顧別人的閒言閒語，也不要拖累我們相如，希望你以後不要再來了。」

父親罵完，氣呼呼地回房睡覺了，紅玉哭著說：

「被你父親這樣一罵，眞是丟人，我們就此結束吧！」

相如覺得有點抱歉，讓紅玉受了委屈，說：

「家中有父親在，我無法做主，如果你對我還有情分在，請你暫時忍耐，希望還能有相聚的一天。」

紅玉說：

「我們這樣偷偷摸摸下去也不是辦法，更不能長久。正巧，我知道有一門好親事，你可以去這戶人家下聘。」

「我家哪有錢去下聘啊？」相如回答。

紅玉說：

「別擔心，明天我會再來，我會儘量替你想辦法。」

第二天晚上，紅玉果然又來了，她交給相如四十兩銀子說：

「距離這裡六十里的地方，有個吳村，村裡有一戶衛姓人家，女兒今年剛好滿十八歲，前去提親的人很多，但都因為聘金的問題而打退堂鼓，所以，衛姑娘到現在都還沒嫁人。只要你出得起錢，就能談成這門親事。」

說完，紅玉就走了。相如找了機會跟父親說要前去吳村的衛家提親，但沒有提紅玉送四十兩銀子的事情。父親沒有阻止他，讓他去處理自己的婚姻大事。相如打扮了一下，穿戴整齊，向人借了匹馬，就到衛家提親了。

衛先生是個農夫，正在外面耕種，相如下馬說明了來意。衛先生見他風度翩翩、談吐不凡，而且聘金又不成問題，於是婚事就這樣說定了。相如進屋裡拜見未來的岳母，女兒見相如進門來，害羞地躲在母親的背後，只露出半張臉。相如立刻被這位女孩所吸引，雖然女孩穿著樸素，可是掩蓋不了她特別的氣質和美麗。衛先生說：

「既然日子已定，到時候也不必馮先生再跑一趟，等我們將女兒打點好了，自然會送女兒到您府上去。」

相如高興地回家，對父親說明了婚事一切順利，不必他老人家操心。相如和衛小姐結婚之後，感情很好，妻子也能勤儉持家。

過了兩年，生了一個男孩，取名叫福兒，原本和樂的家庭就在清明節這天發生了變化。

馮家四口人上山掃墓，回來的時候，遇見了當地有權有勢的宋老頭，宋老頭兒原來當過官，因爲貪污被免去官職而閒居在家中，整天無所事事。宋老頭見到馮相如的妻子如此美麗，彷彿天仙一般，心中便起了歹念。

宋老頭回家想了一想：

「這個窮書生，只要給他多一點的錢，應該就會把他的妻子讓給我了，對！就這麼辦。」

第二天，宋老頭派人拿了五百兩銀子到馮家遊說，結果被馮家父子罵得狗血淋頭趕了出來。那個人只好抱頭鼠竄，趕緊回去稟報。宋老頭也生氣地說：「不識抬舉，敬酒不吃吃罰酒，我一定要你們好看。」

當天晚上，宋老頭帶了幾名身強體壯的僕人，強行進入馮家，見到馮家父子二話不說，看了就打。頓時，家中家當被毀，如

同廢墟，妻子將兒子放在床上跑出來，卻被壯丁架走，馮翁被打得遍體鱗傷，全身動彈不得，相如也身受重傷，必須用枴杖才能行動。

第二天，相如眼睜睜看著馮翁口吐鮮血、含恨而死，又聽說自己的妻子被帶入宋家之後，寧死不從，上吊自殺了。相如心中又是氣憤、又是傷心，一狀告到衙門，可是衙門的上上下下早就被宋老頭收買。相如被打了五十大板，狼狽地爬出衙門。半個月後，傷勢好了一些，心裡想：「可惡的宋老頭，害死了父親和妻子，竟然還能若無其事，世界上難道沒有天理了嗎？」

相如愈想愈不平衡，便想要和宋老頭同歸於盡。有一天，相如躲在街上的角落等宋老頭，宋老頭一出現，相如立刻拿著刀衝上前去行刺，但還沒碰到他一根汗毛，就被身旁的壯丁打倒在地，宋老頭只是冷冷地說：

「你怎麼還不死心啊？眞是傻瓜！」

相如回家跪在父親的靈前，說：

「孩兒無能，無法替您報仇，要不是要撫養福兒，我早就跟隨您和妻子在陰間相聚。」

這時，一位身材魁梧、滿臉鬍子的壯漢出現，他說：

「沒出息，大仇未報就想放棄，還算是一個男人嗎？」

相如站起來看著那個人，那人足足高相如一個頭，雙眼有如銅鈴，應該是一位江湖人士，壯漢說：

「我看你就這樣窩囊過下半輩子吧！」

壯漢向馮翁鞠了躬，轉身要走，相如攔住他說：

「不瞞您說，我一直就想報仇，況且宋老頭如果不死，地方上不知道又有多少家庭要受害，就請您照顧我的兒子，讓我無後顧之憂。」

壯漢說：

「開玩笑，你是個讀書人，手無縛雞之力。更何況，傷還沒好，別說對付那些壯丁，連一個僕人你都擺不平。」

壯漢接著又說：「你叫我養育小孩更是難，我四處為家、居無定所，怎能帶著一個嬰孩？」

相如問：「那我該怎麼辦呢？」

壯漢說：「如果你要託人照顧孩子，不要找我，不過，你要做的事情，我會去幫你完成，現在你趕緊帶著孩子逃走，免得到時候連累到你。」說完，壯漢就走了。

相如急忙收拾東西，抱著孩子離開了家。

第二天的晚上，壯漢翻過宋家的牆，跑進宋老頭的房間殺了他。隔天，宋家人向衙門報案，一口咬定是馮相如幹的好事，縣官派了人去拘捕馮相如。但是，他早就逃走了，所以，縣官更加認爲馮相如就是殺人兇手。

經過幾天的搜索和圍捕，馮相如在荒郊野外的一間廢棄的房子裡被抓到，福兒當場被丟在草堆裡，馮相如被帶回衙門之後，受到嚴刑拷打，他怎麼喊冤也沒有用。

當天晚上，縣官正要入睡，忽然聽見有聲音敲在床上，縣官起床一看，一把鋒利的大刀砍進床板，足足有三吋深，還聽見有人警告他說：

「如果你再冤枉好人，沒有稟公處理的話，小心你的項上人頭。」這下可嚇壞了縣官，立刻無罪放了馮相如。

過了半年，馮相如時常想起以前幸福的日子而無法釋懷。一天晚上，相如睡不著，聽見門外有孩子說話的聲音，正想要出去看看，卻有一個女子帶著一位小男孩開門進來：

「你的仇已經報了，應該心安了吧！」

馮相如聽這聲音很熟悉，卻又一時想不起來，點燈一看，才知道是紅玉。兩人相見悲喜交加，相擁而泣。過了一會兒，紅玉對小孩說：

「快叫爹啊，你不認得爹了嗎？」

小孩緊拉著紅玉的衣服不說話，相如這才看出是自己的親生兒子福兒。相如連忙問：「福兒怎會和妳相遇呢？」

紅玉說：

「不瞞你說，我本是山中的狐仙，因為與你投緣，想要幫你，又因為你命中必有劫數，所以，只能從旁偷偷幫忙，否則違背天機，你我都要遭殃。現在你大難已過，從此，可以安穩地過日子了。福兒是你被抓的那天，我在草地中將他抱回撫養的，就是要等到今天才帶他來和你團聚。好了，我該走了。」

紅玉說完想要離去，相如上前攔住她，希望她留下來，紅玉在相如的苦苦哀求之下答應留下。

從此，紅玉幫他處理家中大大小小的事情，不用相如操心，只需要專心讀書。紅玉拿出了一些錢買了織布機和一塊地，雇了長工耕種，家境漸漸好了起來。

這一年，相如考中了舉人，一家三口就這樣平安知足地生活。

如果你
再冤枉好
人，沒有稟公
處理的話，
小心你的項上
人頭。

第20單元　王六郎

淄川鄉有一個姓許的漁夫，朋友都叫他老許。他每天晚上總會帶著酒去捕魚，他習慣一邊喝酒、一邊捕魚。他喝酒的時候，會將一些酒灑在河裡，並且說：

「河裡面的水鬼朋友，一起來喝酒吧！」

說也奇怪，當別人都捕不到魚的時候，他卻依然可以滿載而歸。有一天晚上，他一個人在河邊喝酒，一位少年走過來，在他身邊走來走去，老許便說：
「這位公子，要不要一起坐下來喝兩杯？」
少年沒有拒絕，就坐下來和老許喝酒，碰巧老許今天連一隻魚都沒有捕到，心情有些不佳，少年站起來說：
「我也喝得差不多了，我幫你到下游把魚趕過來。」
說完就走了。沒過多久，少年回來說：「魚來囉！」
老許見河面上許多魚跳來跳去，立刻下網，不久後拉起沉重的魚網，抓了許多魚，每條魚都有一二尺長，比平常都來得大，魚簍一下子就滿了。老許說：
「眞是多虧了你，今天才沒有空手而回啊！」

老許拿了兩條最大的魚要送給他，少年不收。還說：「別客氣了，每次都喝你的酒，幫你這一點忙根本不算什麼，如果你不嫌我多事的話，我每天都來幫你趕魚。」

「咦？我今天才第一次請你喝酒，怎麼會說每次呢？如果你肯幫我趕魚，我高興都來不及了，就怕沒能好好報答你就是了。對了，還沒請教你如何稱呼？」老許說。

少年說：「我姓王，叫我王六郎好了。」

第二天，老許賣了魚，買了許多酒菜。到了晚上，老許來到河邊，少年已經先到，兩人見面先乾了一杯，接著愉悅地喝著酒，喝了幾杯之後王六郎說：

「等我一下，我去趕魚。」

結果，老許今天又是豐收。

這樣過了半年，兩人愉快的捕魚、喝酒，交情愈來愈好。

有一天，王六郎忽然說：「這半年來，和你就像兄弟一樣，只可惜不久之後我們就要分別了。」

「爲什麼？」老許不懂王六郎的意思，王六郎有幾次想要

解釋又說不出口，只是滿臉惆悵。後來王六郎終於下定決心說明清楚：

「我希望我所說的事情不會嚇到你，其實，我是一個水鬼。當初就是因爲愛喝酒在這裡淹死，已經好幾年了，以前你捕的魚都能夠比其他人多，是因爲我在暗中幫你，也是爲了報答你每次都將酒灑入河中，讓我有機會再度嚐到美酒。到了明天，會有一個人陽壽已盡，將成爲我的替身，而我就有機會投胎，不必再做水鬼了。」

老許一開始的確嚇了一跳，可是想想，相處半年下來也相安無事，後來就不在意了。兩人繼續喝酒，老許說：

「既然今天是我們最後一次碰面，那今天多喝兩杯，來個不醉不歸！」

第二天，老許特地跑到河邊，果然來了一位婦人，抱著一位嬰兒的婦人掉落到河裡，婦人將嬰兒拋到岸上，整個人在河裡載浮載沉。老許原本想要去救她，可是，心想如果救了她，王六郎就無法投胎了。過了一會兒，婦人爬上了岸邊，抱著孩子走了。到了晚上，老許又遇見了王六郎，就問他說：

「今天白天到底是怎麼一回事呢？」

王六郎說：

「原本要她當我的替死鬼，可是，她的孩子還小，需要人照顧，如果她死了，小孩也活不成，我想，為了我一個人而要別人賠上兩條命，實在心有不忍，所以就將她推上岸。」

老許說：

「六郎，你這樣好心，一定會有好報的。既然如此，我們再續前緣，等到下次有機會再說吧！」

於是，他們每天晚上又繼續喝酒、捕魚。過了幾天，王六郎又來告別了。

老許問：「又有替死鬼要來了嗎？」

王六郎說：

「這次不是，是因為上次救了婦人一命，感動了玉皇大帝，現在派我當招遠縣鄔鎮的土地神。明天就要上任，如果你不嫌路途遙遠，我們可以在那裡相聚。」

老許高興地說：

「我就說你會有好報的，真是老天有眼。去看你當然不成問題，只是以後你就是神仙了，我只是一般百姓，哪有那麼容易就能見到你？」

王六郎笑著說：「不必擔心這些，你來就是了。」

老許回家之後，立刻收拾行李準備起程。到了招遠縣向人打聽，果然有鄔鎮這個地方，到了鄔鎮住進客棧休息順便問掌櫃說：「請問鎮上的土地廟在哪裡？」掌櫃馬上停止手上的工作，反問說：

「請問您是不是姓許呢？」

「是的。」

老許感到奇怪，這裡的人怎麼會認識自己。掌櫃又問：

「您是不是淄川人呢？」「沒錯！您怎麼知道呢？」

只見掌櫃匆忙跑到門口大喊了幾聲，頓時，客棧擠滿了人。老許更納悶了。當地居民才說：

「前幾天，土地神託夢給全鎮上的人，說有個朋友會來，叫我們一定要好好招待您呢！」

老許覺得很神奇，來到土地廟說：

「六郎，和你分開之後常常想念你，可惜沒能帶什麼好東西來給你，就敬你一杯酒，希望你別覺得寒酸，就當作我們當初在河邊喝酒一樣吧！」

說也奇怪，土地廟吹起一陣風，杯中的酒一下子就捲入風中消失了。

當天晚上，老許回客棧睡覺，土地神在老許的夢中說：

「老許，你大老遠地跑來看我，我真是太高興了，但是我有職務在身不方便相見，希望你能諒解。這裡百姓送的薄禮請你收下，到時候你要回去，我再去送你。」

這幾天，百姓熱情款待他吃喝，好不愉快。到了老許要回家的時候，百姓還依依不捨呢。又爭相要請他到家中吃飯。臨別時，百姓準備了許多禮物，有金錢、珠寶和當地名產，應有盡有，老許辭謝。百姓卻堅持要他帶回去，老許盛情難卻，只好一一收下。

這時，土地廟吹起了一陣風，跟著老許。百姓可看得目瞪口呆，一句話也說不出來，但是，大家都心裡有數，這是土地神顯靈。老許走了一段路之後，對著風說：

「六郎，送到這裡就可以了，請回吧！我有空的時候會再來看你的。」

這陣風在老許的周圍繞了三圈才離去，眾人就跟著風回去了。老許帶回來的禮物改善了生活，不再捕魚，改做生意。

往後老許偶爾遇到從招遠縣來的人，都會問起鄔縣土地廟的事情。大家都說鄔鎮的土地神樂於助人，非常靈驗，居民都能安居樂業，少有災難。

聊齋誌異

社　長／許丁龍
改　寫／何友明
繪　圖／劉湧・董春雷
封面設計／鄭宏嫻
插　畫／陳文賢
出　版／風車圖書出版有限公司
（局版北市業字第 160 號）
總代理／三暉圖書發行有限公司
地　址／台北市內湖區舊宗路二段 107 號 4 樓
電　話／(02)2795-1436
傳　真／(02)2794-5955
郵　撥／14957898
香港分公司／香港北角英皇道 310 號雲華大廈4樓 505 室
出版日期／2000 年 12 月初版